KB169691

몇 해 전, 대학로 한 커피숍에서 처음 만난 그녀를 기억한다. 내가 투고한 원고에 대한 이야기로 쉬지 않고 두세 시간 이야기꽃을 피웠다. 다른 에디터들과는 사뭇 달랐던 그녀의 안목은 충분히 매력적이었고, 그것은 곧 나의 행운이었다. 시간이 흐른 만큼 책쓰기에 대한 그녀의 생각들은 이 책을 통해 더 깊게 빛이 난다. 보물 같은 책 만들기를 원한다면, 여러분 모두에게 봄쌀 에디터의 이 책을 권한다.

−《한 권으로 끝내는 초등학교 입학 준비》《초등 입학 전 학습놀이》의 저자 김수현

책에 대한 남다른 애정으로 책을 만드는 직업을 택한 그녀가 현장에서 고스란히 주워 담은 '좋은 책'을 만드는 비법. 누군가의 사소한 이야기가 모두의 공감으로 바뀌고, 개인의 추억이 한 편의 기록으로 바뀌는 '쓰기의 힘'에 대해 그녀가 이야기하는 솔직하고 명쾌한 철학. 읽기를 사랑하는 사람은 물론, 쓰기를 각오한 자라면 반드시 읽어야 할 책이 아닐까.

−《NEW 임신출산육아 대백과》의 저자 류지원

문학 전공자임에도 출판을 위한 글쓰기에는 전혀 다른 시각이 필요했다. 작가의 능력, 콘텐츠의 힘, 기획력, 시대의 흐름을 읽는 시야 등 모든 것이 중요하지만 훌륭한 에디터와 함께 작업을 진행하는 것은 커다란 행운이었다. 어려

운 고비마다 에디터에게 적극적인 도움을 받았고, 미리 알았더라면 얼마나 좋았을까 싶은 그녀의 노하우가 이 책에 모두 담겨 있다. 출판을 꿈이 아닌 현실로 이루기 위해 부디 당신이 누구보다 먼저 이 책을 만나보기를 바란다.

－《일상이라는 이름의 기적》의 저자 박나경

○
절친한 사람의 충고만큼 따끔하며 다정한 것도 없다. 핑크빛 미래만 퍼붓지 않으면서도 따뜻한 위로와 자신감을 주는. "책을 내고 싶어요."라는 말에 조언을 건네줄 수 있는 책. '아무나'가 아닌 '누구든' 자신의 책을 가질 수 있다고 했다. 그렇게 에디터의 다독임이 있었다. 평범한 엄마가 두 권의 책을 내기까지.

－《한 그릇 뚝딱 이유식/유아식》의 저자 박현영

○
비단 책쓰기 기술에 대한 것만은 아니다. 평범한 나에게서 비범함을 찾아내는 방법에 관한 이야기. 기꺼이 그 길잡이가 되어주겠다는 작가의 직간접적인 경험이 고스란히 녹아 있어 영양만점이다. 새로운 트렌드와 유명한 책의 시작을 전해 듣는 것도 소소한 재미를 준다. 저자는 기술이라 하지만 나는 에피소드를 따라 가는 내내 진심과 애정을 읽었다.

－《한 그릇 뚝딱 이유식/유아식》《똑똑! 닥터오 아기 진료실》의 저자 오상민

출판사 에디터가
알려주는
책쓰기 기술.

기획부터 출간까지,
예비저자가 궁금해하는
책쓰기의 모든 것

양춘미 지음

카시오페아
Cassiopeia

아무리 비우고 비워도 회사 계정의 메일상자에는 늘 빨간 숫자가 깜박이고 있습니다. 그 숫자는 3이나 6일 때도 있지만 어떤 날은 15, 어떤 날은 20을 훌쩍 넘기기도 합니다. 새로운 메일이 도착했다는 알람이 늘 깜박거리니, 깜박하고 열어보지 않는 일은 잘 없습니다.

출판사에서 북에디터로 일하는 저로서는 메일을 열어보는 게 일과 중 하나입니다. 언제나 하던 (그다지 즐겁지 않은) 일이라는 듯 손가락이 먼저 움직입니다. 클릭, 클릭. 그리고 한숨을 쉬지요.

기업 인사담당자들이 늘 투덜댄다고 하지요? 구직자 자기소개서를 보면, 언제나 비슷비슷하다고.

지혜로운 어머니와 엄한 아버지의 등장, 혹은 어렸을 때부터 독서가 취미, 평범한 삶의 변화를 위한 어학연수나 워킹홀리데이 경험 등등.

이노션 월드와이드 광고 디렉터로 17년을 일한 김동욱 씨는《결국, 컨셉》이라는 자신의 저서에서 이런 일화를 밝혔어요. 당시 대리였던 본인의 후배 직원을 뽑는 채용공고를 냈는데 수백 명이 지원했고, 대체로 비슷한 자기소개서를 읽다 보니 눈을 사로잡는 자기소개서 하나가 있더라고. 바로 "대학 졸업할 때까지 사귀었던 남자친구가 24명입니다."라는…. 결국 그녀는 수백 대 일의 경쟁률을 뚫고 입사 기회를 잡았다는 이야기. 물론 '콘셉트'의 중요성을 강조하기 위해 든 사례이긴 하지만 투고메일함을 열어보는 에디터의 마음도 이와 다르지 않습니다.

저의 투고메일함에는 컨트롤C+컨트롤V를 한 것이 아닐까 의심이 들 정도로 유사한 형식의 원고가 밀물처럼 밀려듭니다. 특히 한두 해 전부터는 요상할 정도로 특색 없고 그저 그런 원고가 비슷비슷한 형식으로 오는 겁니다.

'분명 배후가 있다!'

공통적으로 그들은 책쓰기 코칭을 받은 '책쓰기 코칭 스쿨' 출신으로 나름 기수까지 있는 수강생들이었습니다.

저는 호기심을 가득 안고 '책쓰기 코칭'이라는 단어를 포털사이트 검색창에 또박또박 쓴 뒤 엔터 키를 눌렀습니다. 그러고는 제 눈을 의심했습니다. 셀 수가 없을 정도로 너무나 많은 강좌가 모니터를 가득 채웠습니다. 가장 매력적인 캐치프레이즈를 내세운 사이트 하나를 클릭했습니다. 호기롭게 써둔 강좌내용을 읽다가 맨 하단 '수업료'를 확인한 뒤 동공에 지진이 발생했습니다(마치 7.0 진도쯤)!

겨우 정신을 가다듬고 곰곰이 생각해보니 화가 나더군요.

'이 돈을 받고, 이렇게밖에 코칭을 못하나?'

출판사에서 원하는 책들은 그런 게 아닙니다. 누군가의 콘텐츠가 한 권의 책으로 출간되기 위해서는 그런 방식이면 안 됩니다. 유사한 패턴의 글쓰기, 비슷비슷한 구성, 어디선가 본 것 같은 콘셉트…. 어떻게 해서든 책을 낼 수는 있겠지요. 그러나 사랑받을지는 의문입니다.

누군가는 제게 반문할 수 있겠습니다.

"책이 꼭 누군가에게 사랑받을 필요가 있습니까? 내는 데 목적이 있을 수도 있잖아요."

만약 그렇게 생각하신다면 과감히 이 책을 덮고, 자비출판 쪽으로 방향을 틀어도 됩니다.

저는 철저히 상업출판을 지향하는 한 출판사의 에디터로서, 꽤나 많은 베스트셀러와 스테디셀러를 만든 능력 있는(조금 과장은 했습니다만) 에디터로서 책을 쓰고 싶다면 어떻게 써야 하는지 설명하려고 합니다. 가지고 있는 콘텐츠를 어떻게 구체화하고, 어떤 전략을 세워서 어떤 글을 써야 하는지 이 책에 차근차근 풀어내었습니다. 그러니 엉뚱한 곳에 시간과 비용 낭비하지 마시고, 천천히 저를 따라오세요.

그리고 이 책을 덮고 수개월이 지난 뒤에는 반드시 자기 이름으로 된 멋진 책을 출간하길 바랍니다. 저는 미리 축하를 전할게요.

여러분의 책 출간을 진심으로 축하합니다.

5 일단 다 찔러봅니다

6 내 책 내 맘대로 만들래요

Chapter 7 책 나왔다 야호

Chapter 1

내 이름으로 된 책 한 권
내는 게 소원이에요

그 소원 참으로 소박하고도 원대하도다

무슨 일을 하느냐고 묻는 사람들에게 출판사에서 책을 만든다고 답을 하면 거의 대부분 눈을 초롱초롱 반짝이며 말합니다.

"사실은 저도 제 이름으로 된 책 한 권 내는 게 꿈이에요."

출판 업계에 있으면 매년 빠짐없이 '단군 이래 최대 불황'이라는 얘기를 듣는데, 어쩜 이렇게 책을 내고 싶어 하는 사람들은 많을까요? 웹툰을 그리는 그림 작가들도, 사진을 찍는 포토그래퍼들도, 요리를 하는 셰프나 육아를 하는 엄마들도, 본인이 겪고 만든 모든 것을 책으로 엮고 싶어 합니다.

책을 쓴다는 건 인생을 살아가면서 할 수 있는 굉장히 의미 있고 가치 있는 일이라고 여기는 분들이 많더군요. 그래서인지 가끔 저에게도 북에디터라는 직업 하나만으로 "와~ 멋져요. 책을 만드는 삶이라니!"라고 합니다. 현실은 그다지 '멋짐'과 가깝지 않은데 말이지요.

여러분은 왜 책을 내고 싶나요?

주말마다 찾는 캠핑장의 (전혀 그 나이로는 보이지 않는) 72세 사장님께서는 제가 출판사에서 일하고 있다고 하니 자신이 살아온 인생을 자서전으로 엮어야겠다고 "아마 책 몇 권은 나올 거야~" 하시며 껄껄껄 웃습니다. 연세가 있는 분들은 대체로 자서전을 쓰고 싶어 하지요. 호랑이가 죽어 가죽을 남기듯이 살아생전 자신의 이름으로 된 책 한 권 남기면 인생이 찬란하게 마무리(?)된다고 여기는 것 같습니다.

현직에서 열심히 일하는 분들은 자신이 몸담고 있는 분야에 대해 좀 더 전문적으로 설명하는 책을 쓰길 원합니다. 그들에게 책은 또 다른 기회를 만들어줄 수단인 셈입니다. 강연가를 목표로 하고 있어서 책이 필요한 경우도 있습니다. 어찌 되었든 책 한 권 내는 것이 '소원'인 분들은 너무나도 많습니다.

오로지 출간이 목적이라면

단순히 소원 성취가 목적이라면 책 출간은 오히려 쉬운 일입니다. 포털사이트 검색창에 '자비출판'이라고 검색하면 아주 다양한 방법이 모니터 안으로 쏟아질 겁니다. 자비출판의 프로세스나 비용, 자비출판만 전문으로 하는 출판사들의 광고 등등…. 자비출판은 말 그대로 자비自費, 내 돈을 들여서 책을 내는 것을 말합니다.

사실 자비출판 전문 출판사가 꽤 있습니다. 편집과 디자인, 제작, 유통 등을 진행해주고 돈을 받지요. 책은 그 출판사 이름으로 출간되고요. 현재 대한민국에는 3만 개가 넘는 출판사가 있습니다. 한 달에도 여러 출판사가 문을 닫고 열기 때문에 사람들은 (대형 출판사를 제외하고는) 출판사 이름을 세세히 기억하지 못합니다. 따라서 여러분이 자비출판 전문 출판사에서 책을 낸다고 한들, 사람들은 잘 모를 겁니다. 즉 정상적인 출판으로 보이지요.

비용이 많이 든다는 단점이 있지만 책을 자기가 원하는 방향으로 (그저 하고 싶은 대로) 만들 수 있다는 장점도 있습니다. 비용과 부수는 협의하기 나름이겠지만 어쨌든 책을 내는 데 의의가 있다면, 그리고 금전적 여유가 있다면 자비출판도 고려해볼 만합니다.

그런가 하면 독립출판도 있습니다. 자기 돈을 들여 만들어야 한다는 건 자비출판과 유사합니다. 소량 생산이 가능하고, 만들고 싶은 대로 만들 수 있습니다. 다만, 책을 만들 때 독립출판은 그 특성상 저자의 역량이 좀 더 필요합니다.

오히려 기성품과 다른 형태, 좀 더 실험적인 형태의 책일수록 독립출판물 시장에서 사랑받을 가능성이 큽니다. 독립출판을 진행하고 납품까지 맡아주는 곳도 있고, 단순히 만드는 데까지만 관여하는 곳도 있습니다. 그래서 자신의 출판물을 유통시키려면 일일이 독립출판 서점에 입점 문의를 해야 한다는 번거로움이 발생합니다. 만약 여러분이 SNS나 블로그 등에서 어느 정도 파워가 있다는 생각이 든다면, 자신의 채널을 통해 주문을 받고 배송을 해주는 형태도 괜찮습니다.

요즘 독립출판 서점은 멋스러운 개성과 독특한 색깔을 갖춘 곳이 워낙 많아서 그 서점에 내 책이 있다는 것만으로도 자부심을 느끼게 합니다. 본인이 만들고자 하는 책과 어떤 독립출판 서점 사이에 맞닿는 지점이 있다면 독립출판물로 만들어 출간하는 방법도 고려해볼 만합니다(다양한 독립출판 서점을 소개하는 사이트 anotherbooks.kr).

최근에는 독립출판물로 인기를 얻은 뒤 상업출판사에서 다시 편집을 하여 재출간되는 책들도 많습니다. 107x170mm 판형, 146쪽의 《찌질한 인간 김경희》가 138x194mm 판형, 308쪽의 《찌질한 인간 김경희》(빌리버튼)로 출간된 것도 한 예입니다. 심지어 베스트셀러에 등극한 책도 있습니다. 일명 '떡볶이 책'으로 불리는 백세희 작가의 《죽고 싶지만 떡볶이는 먹고 싶어》(흔)이지요.

출판기획이 업*인 북에디터들의 습성을 떠올려보세요. 책을 좋아하니 대형 서점을 비롯한 독립출판물 서점 역시 방앗간처럼 드나들 겁니다. 그러다가 상업출판으로도 가능성이 있어 보이는 출판물을 발견한다면 당장 그 저자를 찾아나서지 않겠습니까?

정말 소소하게 지인이나 가족들과 나눠 볼 책이라면 소량으로 책자를 만들어주는 인쇄소나 온라인 출력실에 문의하는 게 좋습니다. 비용이 매우 저렴한 것이 장점입니다만, 본인이 편집하고 디자인해야 한다는 번거로움이 발생합니다. 개인적으로 간직할 사진집을 만들고 싶다면 온라인 사진 인화 업체에서 제공하는 '책자 만들기' 서비스를 이용하는 게 출판사 문을 두드리는 것보다 더 현명할지 모릅니다. 편집 툴을 제공할뿐더러 수량도 마음대로 뽑을 수 있으니까요.

여러분 소원이 단순히 책을 내는 것이라면 오히려 이런 접근이 현실적입니다. 생각보다 훨씬 쉽게 소원을 이룰 수 있습니다.

따박따박 들어오는 인세가 목적이라면

요즘 TV를 보면 직업이 작가인 분들이 방송에 많이 출연합니다. 그들은 TV에 나와서 책을 쓰며 산다고 합니다. 가끔은 책을 써야 하기 때문에 몇 달은 방송을 쉬어야 한다며 이별을 고하기도 하지요. 멋있나요? 글을 쓰며 사는 삶, 책만으로 사는 삶.

2017년 5월 tvN 〈현장토크쇼 택시〉 프로그램에 이지성 작가가 출연하여 '인세로 40억'을 받았다는 이야기를 하였습니다. 그가 쓴

《꿈꾸는 다락방》(차이정원)이나 《리딩으로 리드하라》(차이정원) 등의 성공을 보면 그리 놀랄 액수도 아닙니다.

일본 작가 모리 히로시가 쓴 《작가의 수지》(북스피어)라는 책이 있습니다. 이 책을 읽은 우리나라 전업작가들이 큰 충격에 빠졌다는 소문이 돌았는데, 바로 그가 20년간 쓴 책으로 번 인세 수입만 153억 원이라는 내용이 있었기 때문입니다. 물론 그는 278권의 책을 썼고(1년에 13.9권씩 책을 쓴 셈), 그 책들은 총 1,400만 부가 판매되었다고 하긴 합니다.

그런데 말입니다. 우리나라는 다릅니다. 이름만 들어도 내로라하는 문인이 아니고서야 이 정도 인세 수입을 얻는 작가는 극히 드뭅니다. TV에 수시로 등장하는 '작가'라는 직업도 사실은 '방송인'에 더 가깝습니다. 방송 효과로 책이 좀 더 판매가 잘되는 선순환 구조에 놓여 있는!

사실 일주일에 한 권씩 책을 써내는 사람은 거의 없겠지요(지구상에 존재하지 않는다고 쓰고 싶었습니다만). 쓴다고 한들 자신이 컨트롤할 수 있는 출판사에서 내지 않는 이상 시기 맞춰 책이 나올 리도 만무합니다.

아무리 다작을 하는 저자라 해도 1년에 기껏해야 2~3종입니다. 한 권당 정가가 1만 5,000원인 책이 1만 부가 팔렸다 하더라도(요즘에는 1만 부 팔기도 어려워요!) 인세가 10%라면 1,500만 원이지요(인세 계산에 관한 자세한 이야기는 뒤에서 다룹니다). 2종일 경우 연봉이 3,000만 원인 셈이고, 3종일 경우 연봉이 4,500만 원인 셈입니다. 그런데 자신이 쓴 모든 책이 1만 부 이상 판매되는 기적은 그리 자주 일어나지 않습니다. 판매되었다 한들 3종의 책이 하루 종일 모니터 앞에서 자판을 두드린 결과라 한다면 어떤가요? 시간당 최저임금으로 계산해도 턱없이 부족한 금액이지 않나요?

책 한 권 잘되어 우쭐해진 어깨로 "처음이 어려웠지, 이제 책 쓰는 데 자신감이 생겼어요. 회사 그만두고 전업작가로 전향해야겠어요."라는 분들이 있지요? 그러면 저는 4단 도시락을 싸 가지고 따라다니면서 아침, 점심, 저녁, 간식 먹여가며 무조건 말릴 겁니다.

"절대, 절대, 절대, 그러지 마세요!"

저처럼 이렇게 전업작가를 말리는 전업작가가 있는데, 바로 《원숭이도 이해하는 자본론》(시대의창) 책을 쓴 임승수 작가입니다. 그는 2014년 5월 〈프ㅍㅅㅅ〉에서 책으로 받는 자기 인세에 대해 솔직하게 고백했습니다. 2만 5,000부가 판매된 《원숭이도 이해하는 자본론》의 정가는 1만 5,000원이고, 인세율이 10%라서 이를 곱하면 총 3,750만 원이라고요.

적은 금액이 아니라는 생각이 드나요? 2008년에 출간해 기사를 쓴 2014년까지 이 책이 벌어다 준 돈이라 생각한다면 어떤가요?

그는 기사에서 이런 이야기도 했습니다.

"대한민국에서 순전하게 자신이 쓴 글값만으로 기초적인 생계가 가능한 사람이 몇 명이나 될지 궁금하다. 전문작가의 삶은 기적이다. 지속 불가능한 삶을 꾸역꾸역 살아내기 때문이다. 인문학이 뜨고 있다는데, 나는 언제쯤 우리 동네 문방구에서 로또를 사지 않게 될까? 오늘도 인생이라는 자전거가 쓰러지지 않도록 글이라는 고단한 페달을 쉬지 않고 밟는다."

여러분, 책을 쓰는 목적에서 '인세'를 고려하지 않길 바랍니다. 솔직하게 말해, 자신의 일이 있고 주 수입이 있는 상황에서 부 수입 정도로 인세를 생각하면 괜찮겠지만 전업작가를 고려하여 출판으로 뛰어드는 건 매우 리스크가 큰 일입니다.

내 가치를 높여 기회를 만드는 것이 목적이라면

소원 성취나 인세도 목적이 아니라면 '또 다른 기회를 만드는 것'이 목적일 수 있겠지요. 대체로 책을 쓰고 싶은 이유에 관해 이렇게 말하는 분들이 많습니다.

"책을 통해서 나를 알릴 수 있잖아요. 그러면 강연이나 다른 사업 등 새로운 기회가 생길지 모르고요."

책이 한 권 잘되면 그 사람의 이름이 널리 알려지는 건 시간문제입니다. '언니네 이발관'의 뮤지션 이석원보다 《보통의 존재》(달)의 작가 이석원이 더 유명한 것을 부인하기 어렵듯이 말이죠. 특히 저는 출판 업계에 있으니 책을 통해 또 다른 기회, 혹은 새로운 직업이 생긴 분들을 많이 접하게 됩니다.

'그림에다grime.da'라는 필명으로 육아툰을 그리던 아빠가 있었습니다. 이름은 심재원, 광고회사에서 아트디렉터로 일했지요. 바쁜 와중에도 아들과의 일상을 한 컷의 만화로 그리면서 꽤 유명해졌습니다. 그는 자신의 그림을 모아 첫 책 《천천히 크렴》(중앙북스)을 출간합니다. 이후 육아휴직을 하고 핀란드 대사관의 도움을 받아 가족과 함께 몇 개월간 핀란드에 머물면서 그 나라의 육아정책이나 육아환경 등을 웹툰으로 그려내는 프로젝트를 시작했습니다. 이 웹툰에 에세이를 덧붙여 《똑똑똑! 핀란드 육아》(청림Life)라는 책이 출간되었지요. 책은 1만 부가 넘게 판매되었고, '다른 나라 육아환경'을 세심하게 담아낸 책 덕분에 이후로 '핀란드 육아'에 관련된 수많은 교육 콘텐츠 강연에 연사로서 초청받게 되었습니다. 지난 4월 조선일보의 인터뷰 기사를 보면 현재는 광고회사에서 받던 연봉보다 더 큰 수익을 창출하고 있다고 합니다.

출판사로 걸려오는 전화 중 절반 이상은 백화점이나 마트 문화센터 담당자, 도서관 강연기획자, 기타 기업 강연 담당자의 강연 요청 전화입니다. 그들 역시 훌륭한 강사를 찾는 게 일입니다. 관런 분야의 전문가에게 저서가 있다면 그 사람에 대해 어느 정도 신뢰를 갖게 됩니다. 특히 인기가 있는 저서라면 저자에 대한 호감도는 더더욱 높아지겠지요.

"이번에 나온 책《○○○》의 저자님 연락처를 알고 싶습니다."

그러면 출판사에서는 연락처를 바로 넘겨드리거나(사전에 강연 연락이 오면 바로 전화번호를 넘기기로 합의한 저자의 경우), 여쭤본 뒤 알려드리겠다고 관련자 정보를 받아두지요. 가끔 강연 비용 및 일정 등을 출판사에서 조율해주면 좋겠다고 요청하는 저자들도 있습니다. 번거로운 일이지만 담당 에디터로서 저자의 매니저를 자청하며 기꺼이 도움을 드리는 편입니다.

여기까지의 이야기 중 여러분이 간과해서는 안 되는 큰 포인트 지점이 있습니다. 한 권의 책이 한 사람의 포지션을 바꿔주고 전문성을 부여해준다면, 그 책은 훌륭해야 한다는 것!

판매가 훌륭해야 한다? 아니오. 외형이 훌륭해야 한다? 아닙니다. 바로 콘텐츠가 훌륭해야 합니다. 책에 담긴 콘텐츠가 어느 정도 이상의 퀄리티는 가져야 한다는 말입니다. 반드시 모든 책이 그렇지는 않지만 콘텐츠가 훌륭하다면 그 책은 입소문이 나고 자연스럽게 판매가 오릅니다. 즉 책이 내 가치를 높이고 기회를 만들어줄 것이라 기대한다면 가장 기본적으로 '좋은 콘텐츠로 구성'되어야 하는 것입니다.

'내 이름으로 된 책'이란
'나만이 이야기할 수 있는 콘텐츠'

흔히 사람들은 자신이 가진 콘텐츠가 굉장히 독보적이라고 생각합니다. 실제로 그러한 이변도 있겠지만 드러나 있지 않을 뿐, 비슷한 생각을 가지거나 비슷한 콘텐츠를 가진 사람은 많습니다.

어떤 기업의 인사팀장이 수많은 면접을 보면서 느낀 점 및 면접 노하우를 책으로 엮어보겠다고 한다면 이는 독보적인 콘텐츠일까요? 저는 '독보적'이라고 말하지 않겠습니다. 우리나라 기업의 수많은 인사담당자들 역시 유사한 생각을 가지고 있을 테니 말이지요.

살짝만 비틀어서 생각해볼까요? 면접 노하우를 웹툰으로 그려내고 있다면요? 〈톰과 제리〉 같은 만화 캐릭터에 빗대어 설명한다면요? 드라마 속 면접 장면을 사례로 면접 노하우를 설명한다면요? 같은 면접 노하우를 다루더라도 이런 방식은 사람들에게 '독보적인 콘텐츠'로 인식될 것입니다.

출판 시장에서는 흔한 콘텐츠를 독보적, 즉 그 사람만이 가진 확실한 콘텐츠인 것처럼(!) 만들어서 성공한 사례가 많습니다. 물론 이것은 에디터의 기획력이나 시장 상황이 결합되어 억지로 만들어진 형태일 수 있습니다. 그럼에도 불구하고 어떤 키워드를 가지고(어떤 주제를 가지고) 나만의 이야기를 만든 것인지 살펴봅시다.

윤홍균 저자의 《자존감 수업》(심플라이프)이 긴 시간 베스트셀러에 있으면서 한동안 '자존감'이란 키워드가 이슈였습니다. 자기계발, 심리 쪽 도서가 '자존감'이란 단어를 달고 나오기 시작했지요. 이 단어에 대한 사람들의 피로도가 쌓여갈 무렵, 유명 강사 김미경 씨는 《엄마의 자존감 공부》(21세기북스)를 출간하여 크게 히트를 칩니다. 물론 김미경 저자의 인지도와 파워 덕분에 그녀의 책은 출간되자마자 늘 주목을 받지만, 이번 책은 사람들이 관심 가지는 '자존감'을 '엄마'라는 타깃으로 풀어내어 시너지가 일어난 셈이지요. 사람들이 관심을 가지는 키워드(자존감) 안에서도 자신만이 할 수 있는 이야기(엄마의 자존감)를 만들어냈다고 생각합니다.

실용서 쪽으로는 《디어 베이비^{Dear Baby}》(청림Life)라는 태교 컬러링북을 예로 들 수 있습니다. 2014년 무렵, '컬러링북 is 뭔들'이라고

할 만큼 컬러링북이 잘 팔리던 시기가 있었습니다.《비밀의 정원》(클)을 필두로 '컬러링북'이라는 부제를 달기만 해도 나오는 족족 판매가 좋던 시기였지요. 컬러링 분야 안에서도 자세히 들여다보면 꽃 색칠, 동물 색칠, 동화 속 한 장면 색칠 등 그 주제가 나뉘어 스케치 주제에 따라 판매량이 대동소이했습니다.

사실 컬러링북은 '힐링'이나 '안티스트레스'라는 효과가 있기 때문에 '이러한 안정과 힐링이 진정 필요한 사람들은 누구일까?'라는 의문에서 '태교 콘셉트'의《디어 베이비》가 등장한 것이었습니다. 임산부를 타깃으로 사랑스러운 아이의 모습이나 육아용품, 임산부의 모습 등이 스케치된 이 책은 컬러링북 시장이 주춤한 이후에도 태교책 시장에서 꾸준히 사랑받았습니다. 사람들이 관심을 가지는 키워드(컬러링) 안에서도 자신만이 그릴 수 있는 그림(태교 콘셉트)을 그려내어 성공한 것이지요. 다만 타깃을 한정시켰기 때문에 일반 컬러링북에 비해서는 판매에 한계를 보였지만 그럼에도 불구하고 대만, 중국, 일본, 베트남 등에 판권을 수출하는 쾌거를 이루기도 했습니다. 또 다른 예를 들어볼까요?

한국인에게 영어공부란 얼마나 고루한 관심사입니까. 매년 영어공부에 관한 책이 수백 종 쏟아집니다만《영어책 한 권 외워봤니?》(위즈덤하우스)처럼 영어공부는 영어공부인데, '영어책 한 권 외우는 것'에 포커스를 둔 책은 없었습니다. 즉 이 저자만의 영어공부책이 완성된 셈이지요.

여러분이 읽고 있는 이 책도 마찬가지입니다. 세상에 쏟아진 수많은 책쓰기 책 중에 '출판사 에디터'가 쓴 책은 없습니다(이 책을 마무리할 무렵에 인문 분야에서 두 권의 책이 출간되었습니다만). 저는 이 책에서 투고메일을 받는 출판사 입장은 어떠한지, 책을 쓸 때 어떤 식으로 접근하고, 한 권의 책을 쓰기 위해 글은 어떻게 써야 하는지 '에디터로서' 설명합니다. 분명 작가들이 쓰는 책쓰기 책과는 결이 다르겠지요. 이 콘텐츠는 독보적이라고 할 수 있나요? (끄덕여주신다면 감사하겠습니다만!)

다시 말해 파헤치고 들여다보면 '독보적'이라고 말하기 애매하지만(하늘 아래 '진짜 독보'란 없으니까요) 내가 가진 직업 때문에 독보적으로 보이거나, 콘텐츠를 소비할 타깃을 다르게 설정하여 독보적으로 보이거나, 콘텐츠가 속해 있는 카테고리를 세분화하여 독보적으로 보이게 할 수 있습니다.

저는 지금 독보적인 콘텐츠를 만들어내라는 주문을 하는 것이 아니라, 받아들이는 대상이(독자가) 독보적이라고 느낄 수 있게끔 여러분의 콘텐츠를 다듬어보라는 이야기를 하고 있습니다.

내가 가진 직업 때문에 독보적으로 보인다 ▷ 수많은 책쓰기 책 중에 출판사 에디터가 쓴 책은 없다

콘텐츠를 소비할 타깃을 다르게 설정하여 독보적으로 보인다	컬러링북의 홍수 속에서 임산부를 타깃으로 한 컬러링 책은 없다
콘텐츠가 속해 있는 카테고리를 세분화하여 독보적으로 보인다	수백 종의 영어공부책 중 영어책 한 권 외우는 영어공부 책은 없다

나만이 이야기할 수 있는 콘텐츠인지 어떻게 알지?

저는 대학생 때 일본으로 1년간 워킹홀리데이를 다녀왔습니다. 제대로 된 준비 없이 '부딪치면서 배우면 되지~'라고 태평스럽고도 안일한 생각을 하며 무작정 떠났습니다.

히라가나ひらがな를 떠듬떠듬 겨우 읽을 정도의 일본어 실력 때문에 저는 현지에서 아르바이트 구하기가 매우 힘들었습니다. 어렵게 구하더라도 일본어를 워낙에 못하니 3일 만에 짤리기도 했고요. 가져간 돈은 점점 떨어져 가지 '이대로 가다가는 굶어 죽겠구나.' 싶어 하루하루 애가 탔습니다. 그러던 중 겨우 서빙 아르바이트를 구했습니다. 이 가게마저 짤리면 저는 진짜 한국으로 돌아가야 할지도 몰랐습니다. 절박한 마음으로 그 가게에서 가장 일본어를 잘하는 사람 뒤를 졸졸 따라다니며 문장을 통으로 외우기 시작했습니다.

일본어는 누군가를 높이는 '높임말' 외에도 자신을 낮춰서 상대를 높이는 '겸양어'라는 게 있습니다. 가게에서 일하는 사람들은 손님에게 겸양어를 쓰게 되는 것이지요. '알겠습니다'를 일반 사람들에게는 '와카리마시타わかりました'라고 한다면 손님에게는 '가시코마리마시타かしこまりました'라고 말해야 합니다.

당시 일본에서 룸메이트로 지내던 친구는 국내 대학 '일문과'를 다니다 휴학한 4학년이었는데, 그 친구조차도 아르바이트할 때 쓰는 일본어를 어려워하는 것이었습니다. 학교에서 문법적으로 배운 적은 있어도 이렇게 써야 한다고 배운 적은 없다고 말이죠.

한국으로 돌아와서 저는 '알바 일본어'라는 콘셉트로 개인 블로그에 연재를 하기 시작했습니다. '나처럼 일본어 모르고 일본에 가서 일하는 사람들에게 도움이 되고 싶다.' 오로지 이 생각이었던 겁니다.

스무 편 정도 글을 썼을까, 그 무렵부터 조회 수가 하루하루 큰 폭으로 늘기 시작하더군요. 그도 그럴 것이 일본어를 가르쳐주는 포스팅은 셀 수 없을 정도로 많은데, 저처럼 알바할 때 쓰는 일본어를 가르쳐주는 포스팅은 없었던 거죠.

이 현상을 직시한 저는 《이랏샤이마세》(소란)라는 일본어공부책을 썼습니다. '일본 워킹홀리데이, 유학생들을 위한 초보 알바 일본어'라는 부제를 단 책이었지요(2011년도에 쓴 책이라 지금은 절판 상태입니다). 제가 블로그에 글을 쓰기 시작한 무렵에는 이 콘텐츠를 책으로 엮을 생각이 추호도 없었습니다. 하지만 포스팅 반응을 보면서 느꼈어요.

'현재 이 콘텐츠를 나만이 이야기하고 있구나!'

우리는 정보 홍수의 시대에 살고 있습니다. 단어 하나만 검색해도 수천 가지 관련 정보가 쏟아집니다. 여러분이 쓰겠다고 마음먹은 콘텐츠도 여러 방면으로 검색을 해본다면, 책을 쓰고자 하는 마음이 완벽히 사라질 정도로 관련 정보의 쓰나미를 맛볼 수 있을 것입니다. 우리 모두는 이런 시대에 살고 있기 때문에 좌절하기보다 좀 더 전략을 다듬고 콘텐츠를 잘 풀어낼 방법을 터득해야 합니다.

이야기하고 싶은 콘텐츠와 유사한 콘텐츠가 기존에 있더라도 좀 더 다르게 접근해보는 것이지요. 앞에서 말했듯 타깃을 다르게 해보거나 콘텐츠에 콘셉트를 입혀보는 식으로 말입니다. 그러려면 그 콘텐츠를 소비할 사람들(미래 독자)의 의견을 많이 들어보는 게 좋습니다.

단언컨대 친한 친구 한두 명의 의견은 절대 도움이 되지 않습니다. 엄마들을 위한 책을 쓰겠다고 결심을 했다면 젊은 청년이나 중년 남성보다는 아이를 키우고 있는 엄마들에게 의견을 물어보는 게 좋습니다. 이 콘텐츠가 어떤지, 책으로 가공해도 될 만큼 가치가 있는지, 어떤 식으로 가공하면 좋을지…. 의견을 많이 들을수록 여러분의 콘텐츠는 완성도가 높아질 것입니다.

가끔 이런 걱정을 하는 분들도 있어요. '책 콘셉트나 책으로 만들 콘텐츠를 말하면 금방 도용되는 거 아니야? 누가 표절하면 어쩌지?' 그래서 꽁꽁 숨겨놓았다가 완성한 뒤에 공개하려고 하지요. 물론 전혀 터무니없는 걱정은 아닙니다. 하지만 생각해보세요. 그들이 따라 하고 싶어도 따라 할 수 없는, 여러분만이 이야기할 수 있는 콘텐츠라면요? 그렇다면 전혀 상관없지 않나요?

　매거진 〈어라운드〉 2017년 5월호에 실린 문숙 님의 인터뷰가 인상적이었습니다. 그녀에게 기자가 물었지요.

　"〈청춘시대〉는 다양한 여성 캐릭터의 등장으로 호평을 받은 작품이기도 해요. 소재와 주제의 다양성을 위해서 소비자는 어떤 책임을 가져야 할까요?"

　기자의 물음에 답한 문숙 님의 대답을 보고 '그래! 이거다!' 싶었어요. 무조건 '자신의 이름으로 된 책 한 권'이 목표인 사람들에게 저 역시 이런 이야기를 해주고 싶었는지 모릅니다.

　"참 이런 말이 어렵긴 하지만 콘텐츠는 팔리지 않으면 만들 수 없어요. 아무리 좋은 영화를 만들고, 아무리 좋은 프로그램을 만들어도 관객이 없거나 시청률이 낮으면 지속될 수 없는 거예요. 그대로 끝이죠. 그래서 소비자의 힘이 얼마나 큰지를 소비자 자신이나 제작자 모두 알아야 해요. 실제로 살아가면서 무언가가 마음에 들지 않거나 불편하다면 그것을 소비하지 않으면 되고, 보지 않으면 돼요. 개개인이 갖고 있는 힘을 과소평가해서는 안 돼요. 콘텐츠도 먼저 사람들이 봐야 만들 수 있거든요."

맞습니다. 책도 이와 다르지 않아요. 책이 지속되려면 독자가 있어야 합니다. 드라마가 지속되려면 시청자가 있어야 하듯이 말이죠. 시청률이 낮으면 조기종영의 아픔을 겪듯 누군가 이 책을 찾지 않으면 절판되는 결과를 얻습니다.

연기하는 것과 내 연기를 누가 봐주는 것

이왕 드라마와 비교를 하게 되었으니 연기자에 대한 이야기를 해보죠. 어떠한 좋은 기회로 드라마에 출연할 수는 있습니다. 그런데 그 드라마를 본 사람이 가족 또는 아주 친한 친구가 전부라면 그 드라마로 인해 부와 명성을 얻거나 연기력을 인정받았다고 말하기 어렵겠지요.

물론 드라마에 출연했다는 사실 자체로 자신에 대한 만족감이 높아졌다면 결코 '안 좋은 결과'라고 치부할 수 없습니다. 하지만 사람이라면 누구나(아닌 분들도 있겠지만) 다른 사람들에게 인정받고 싶고, 자신이 가진 능력을 발휘해서 긍정적인 효과를 얻길 바랍니다. 드라마 끝나고 CF 섭외가 쏟아지면 "와~ 부럽다!" 하듯이 말이에요.

책을 써서 세상에 내놓기만 하면 '두고두고 이 내용이 필요한 이

들을 이롭게 하리라'고 저자들은 기대하지만 실제로 그런 책들은 1%도 되지 않습니다. 여러분이 생각하는 것보다 책을 읽는 인구는 적고, 또 매년 적어지고, 앞으로는 점점 더 적어질 겁니다. 그래서 우리는 현실을 직시할 필요가 있습니다.

나무야 미안해

사람들이 읽고 또 누군가에게 읽어보라고 권할 수 있는 책, 긴 시간 사랑받는 책을 만드는 것이 에디터들의 꿈이자 바람입니다. 저자 역시 단순히 내 이름으로 된 책 한 권 내는 데 의의를 두는 게 아니라 이런 바람을 가져주길 바랍니다. 그래야 책으로 인한 긍정적인 효과가 자연스럽게 따라올 수 있어요.

사실 저는 시중에 나와 있는 책쓰기 책들이 정말 우려스럽습니다. 몇 달 안에 책을 쓸 수 있다, 1인 미디어의 주체가 될 수 있다, 전업작가가 되어 몇억을 벌고 있다 등등. 단시간에 책 쓰는 기술을 익힐 수는 있겠지요. 책을 내면 1인 미디어의 주체가 되는 건 당연하겠고요. 다른 일 안 하고 글을 쓰고 책을 내면 전업작가 타이틀일 수밖에 없지요. 하지만 그래서요?

저는 여러분이 책을 왜 쓰고 싶고, 어떤 책을 쓰고 싶고, 내 책이 세상에 나와 어떤 역할을 했으면 좋겠는지 생각한 다음에는 이것이 결국 '팔릴 것인지' 깊이 고민하길 바랍니다. 너무 속물 같은 이야기인가요? 그런데 상업출판을 하는 출판사가 어떤 기획과 원고를 접했을 때 가장 먼저 하는 생각은 바로 이겁니다.

"이거 얼마나 팔릴까?"

심지어 에디터들이 수일 동안 머리 싸매고 고민하여 써낸 기획안을 본 상사의 첫마디도 이러합니다.

"그래서, 이거 몇 부 정도 예상해?"

"안 팔려도 괜찮아." "사회를 이롭게 하는 책이면 됐지." 하는 출판 자선사업가는 흔치 않습니다. (혹시 있다면 알려주세요. 그 출판사로 이직을 좀 하려고요.) 만약 있다 하더라도 유지되기란 쉽지 않을 겁니다. 책이 안 팔리는데, 출판사를 도대체 어떻게 유지한답니까?

일반 단행본 책은 초판으로 2,000~3,000부 정도 찍습니다. 대량 구매를 할수록 할인 폭이 커지듯이 인쇄부수가 많아질수록 인쇄비 할인 폭도 커지기 때문에 적게 찍는다고 해서 무조건 이익인 건 아닙니다. 그렇다고 많이 찍는 것도 이익이 아니지요. 왜냐면 우리는 책을 머리에 이고 있지 않으니까요.

출간한 책들은 그 출판사의 물류창고에 보관을 합니다. 한 종의 책을 2,000~3,000부씩 찍으면 그 책 더미가 어마어마하겠지요? 여러분이 로망하는 출판사가 생긴 지 고작 3년 된 곳이라 해도 그동안 출간된 책은 수십 종에 다다를 겁니다. 그 출판사의 물류창고

풍경을 상상해보십시오.

출판사 규모가 커서 개별 물류창고를 운영하는 곳이라면 그나마 사정이 괜찮겠지만, 물류창고를 대여해서 쓰는 소형 출판사는 어떨까요? 출판된 뒤 팔리지 않고 창고에 쌓여 있는 책은 부담이 될 것입니다. 창고 보관비용이 계속 나가는 셈이니까요.

다시 말해 책을 출간하고 팔리지 않으면 출판사는 0원의 매출 상태가 아니라 마이너스 상태가 됩니다. 그래서 출판사는 악성재고(긴 시간 판매되지 않은 책)를 분기별로 정리합니다. 파본으로 처리해서 버리는 것이지요. 창고 공간을 차지하지 않으면 차라리 0원의 매출이라도 달성하게 되니까요.

최근에 한 출판사의 마케터가 개인 SNS에 의미심장한 사진 한 장을 올렸더군요. 가득 쌓인 책 더미에 빨간 페인트 래커가 사정없이 뿌려져 있는! 그 사진 아래에는 다음과 같은 한 줄의 글이 적혀 있었습니다.

"나무야, 미안해."

아마도 반품도서 중 깨끗하게 살리지 못한 책을 파본으로 처리했던 모양입니다.

어떤 책들은 창고에 잠시 머물 시간도 없이 전국 서점으로 배송되기 바쁩니다. 하지만 어떤 책들은 빨간 래커의 운명을 가지기도 하지요. 여러분 책의 운명은 어떻게 될 거라 생각하나요? 이런 고민 없이 단순히 자신의 이름이 박힌 책 한 권 내는 것 자체가 만족스럽다면 나무에게 석고대죄해야 할 일일지도 모릅니다.

그래서 필요한 건 뭐? 전략!

콤콤한 종이 냄새, 사각형의 묵직한 기운, 빼곡히 박혀 있는 활자들, 어쩐지 보고만 있어도 너무 좋아 저는 책을 만드는 사람이 되었습니다. 서점에 나가면 온통 좋아하는 책으로 둘러싸이니 마냥 행복할 거라 생각했습니다. 하지만 어느 순간부터 서점에 가면 숨이 막혀요. '세상에 어쩜, 책이 이렇게 많을까!'

책을 기획하고 편집하는 제 눈에는 단순히 책이 책으로 보이지 않더라고요. 기획하고 있는 책과 유사한 콘셉트의 책을 발견하면 불안감이 몰려오고, 생각하던 책 꼴이 있었는데 그걸 너무나 완벽하게 구현해낸 책을 보면 기가 죽지요.

뭐 그뿐인가요. 베스트셀러 코너에는 '종합' '분야'로 나누어 책에 순위를 매겨놓았잖아요. 내가 만든 책이 그곳에서 번호를 달고 있으면 으쓱하지만, 아무리 찾아도 없으면 속상합니다.

고개만 돌려도 대형 출판사에서 통째로 사버린 매대 위에 책들이 사이좋게 나란히 놓여 있습니다. 겨우 숨을 돌려 복도로 나오면 얼마나 광고비를 들였는지 다보탑, 석가탑 못지 않게 책 탑도 세워져 있지요.

여러분의 책이 나온다면 그 넓디넓은 공간에 가로세로 152×225mm(평균적인 단행본 사이즈)의 공간만이 주어집니다. 이조차도 길어야 2주이지요. 신간 매대에 놓였다가 책 판매가 저조하면 바로 서가에 꽂힙니다. 주어진 공간은 가로세로 20×225mm 정도가 되겠군요. 네! 20mm, 그러니까 2cm 말입니다. 이것이 현실입니다.

가끔 저자들은 본인 책을 왜 서점에 잘 깔아두지 않느냐고 화를 내곤 합니다. 영업력을 폭발시켜 아주 억지로(?) 둘 수는 있겠지만 판매 자체가 일어나지 않는 책에 공간을 내어줄 서점은 이 세상에 없습니다. (있다면 좀 알려주세요. 저희 출판사 책 중에 안 나가는 책 좀 깔아두러 가려고요.)

현실을 이렇게 적나라하게 쓰는 이유는 여러분도 곧 책을 낼 것이기 때문입니다. 책의 운명을 함께할 운명공동체(저자)가 될 테니까요. 그러므로 알아야 하고, 그래서 전략을 세워야 합니다. 그러기 위해서는 서점의 생리도 잘 파악해야 하고요.

몇 해 전인가 나이 지긋한 출판계 선배님이 말씀하셨어요.
"자네, 어떤 상품이든지 그 상품만 모아서 팔아주는 곳은 없어. 서점이 유일하지. 책만 갖다놓고 판매를 하잖아?"

요즘이야 서점들이 문구류를 함께 판매하고 있지만, 근본적으로 '편집숍'이 아닌 단일 상품을 판매하는 곳은 서점이 유일할지 모릅니다. 신간이 나오면 일단 받아주니까요. 선배님은 이런 이야기도 하셨지요.

"어떤 과자가 자기 입맛에 맞고 너무나도 맛있다면, 또 사먹고 또 사먹고 하지 않는가. 그런데 책은 그런 게 없어. 아무리 좋아도 한 권만 사는 거지."

즉 책은 일단 서점에 깔릴 수 있는 기회가 있지만, 너무나도 좋아하는 책이라고 해서 집에 열 권씩 쟁여놓지는 않습니다. 오히려 중고 서점에 팔지 않는 게 고마울 따름이지요.

마케팅을 다룬 7장에서 좀 더 자세하게 설명하겠지만, 서점에 대해 한번 생각해보세요. 오프라인 서점에는 각각 분야별로 구역이 정해져 있습니다. 예술/취미 코너를 한번 떠올려볼까요?

같은 예술/취미 코너라도 '컬러링북' 매대가 따로 구성된 곳이 있고, '캘리그래피' 책들이 컬렉션을 이룬 곳도 있습니다. '스티커북'이 판매가 오르면 유사도서들로 매대를 구성합니다. 그래야 좀 더 매출이 일어나서 서점의 매출도 오르니까요.

최근에는 '퇴사' 관련 책들이 인기인지, 분야를 가리지 않고 '퇴사'라는 콘셉트로 매대가 구성된 곳도 보았습니다. 즉 판매 흐름에 따라 매대 구성도 달라지고, 담당 MD마다 혹은 매장마다 다릅니다.

온라인 서점은 어떠할까요? '태교'에 관련된 책을 사고 싶어 검색창에 '태교'라고 쓰면 거의 1,000권가량의 책이 검색됩니다. 오프라인 서점은 매대나 서가에 보이는 것이 전부지만, 온라인 서점은 절판된 아주 오래된 책도 친절히 찾아서 보여줍니다. 그만큼 정보가 넘쳐나지요. 이 말은 어쩌면 키워드를 검색했을 때 우선적으로 내 책이 등장하기 어려울 수도 있다는 걸 뜻합니다. 여러분에게 전략이 필요한 이유지요. '좋은 콘텐츠'를 책으로 엮는다는 건 기본입니다.

타깃을 고려한 콘텐츠의 재배열, 숱한 유사도서를 피하기 위한 제목의 연출, 좀 더 매대에서 사람들의 손때를 탈 수 있는 매력 넘치는 표지 디자인 또한 필요합니다. 여러분에게 출판사가(훌륭한 북에디터가) 필요한 이유이기도 하지요.

🔖 책 쓰는 목적을 확실히 세워보자

나만이 이야기할 수 있는 콘텐츠는 무엇인가?

_____

_____

나는 어떤 책을 쓰고 싶은가?

_____

_____

왜 나는 이 책을 쓰고 싶은가?

_____

_____

이 책과 비슷한 콘셉트의 다른 책이 있는가?

_____

_____

경쟁도서와 내 책의 다른 점은 무엇인가?

_____

_____

이 책을 내가 써야 하는 이유는 무엇인가?

_____

_____

나는 이 책을 통해 어떤 미래가 펼쳐지길 바라는가?

_____

_____

Chapter 2

나 대단한 사람인데요?

누구나 쓸 수 있지만 아무나 쓸 수 없다

위 제목을 보고 기분이 좀 언짢은가요? 이토록 강력하게 말하는 건 제가 출판사 입장을 잘 이해하고 있기 때문입니다. 책이라는 건 누구나 쓸 수 있습니다. 우리나라에 출판사가 몇 개인 줄 아시나요? 3만 개가 넘습니다. 3만 개 중에 여러분이 쓴 원고, 출간하고 싶다는 곳 없을까 봐요?

하지만 여러분은 베스트셀러를 많이 보유하고 있는 출판사(자금이 많을 것 같으니까요?), SNS 등 마케팅을 활발히 하는 출판사(자신의 책도 이렇게 해줄 것 같으니까요?), 유명한 작가의 책이 있는 출판사(도덕성이 검증된 곳 같으니까요?) 등에서 책을 내고 싶은 거죠? 그러니까 어디에서든지 내고 싶지만 아무 데서나 책을 내고 싶지 않은 거지요?

출판사도 다르지 않습니다. 베스트셀러 가능성이 있는 원고, SNS 등 마케팅 능력이 있는 저자, 유명해질 가능성이 있는 저자를 언제나 찾아 헤맵니다.

출판사 편집부에 있으면서 투고 온 메일들을 읽다 보면 자신을 과대평가하는 분들을 자주 볼 수 있습니다. 자존감이 높고 자신감이 충만한 건 매우 좋은 일이지요. 하지만 이 책은 오로지 자신만이 쓸 수 있고, 자신의 콘텐츠와 유사한 건 보지 못했다고 합니다.

만약에 유사 콘텐츠를 담은 책이 있다고 한다면 자신이 쓴 책은 분명 다르고, 기존의 (성공한) 경쟁도서는 출판사의 마케팅 능력만으로 성공했다고 판단해버립니다. 본인이 훨씬 우월한 존재이자 이 콘텐츠의 원조라고 주장합니다. 사실일 수도 있겠지요. 하지만 출판사가 이를 '사실'로 받아들이려면 근거가 있어야 합니다.

다들 책 써보라고 하던데?

처음 사회에 나와서 일을 하면, 처음에는 의욕이 솟다가 3개월쯤 고비가 옵니다. 흔히 '직장인 369 법칙'이라 하죠(3개월마다 고비가 온다 하여!). 출판사에 입사한 지 3개월이 지났을 무렵, 분 단위로 좌절을 겪던 저에게 바로 위 사수 선배가 말했습니다.

"3개월 해보고는 몰라요. 지금 이 일이 진짜 나에게 맞는지. 지금은 잘 안 되고 실수투성이인 것 같겠지만 어떤 일이든 10년쯤 하면 무조건 그 분야의 전문가가 되기 마련이에요."

저는 속으로 생각했습니다.

'이 일을 10년이나 하라고? 당장 때려치우고 싶은데!'

그런 제가 13년 차 에디터가 되었습니다. 그래서 당신은 전문가가 되었느냐고 묻는다면 이런 책쓰기 책을 쓸 정도의 전문가는 되었다고 자신 있게 말할 수 있습니다.

어떤 분야에서 일하는 사람이든 제게 가장 많이 하는 질문은 바로 "책은 어떻게 쓰면 되나요?"입니다. 이 질문에 대한 답은 어떤 식이 되었든 거침없이 말해줄 수 있습니다. 그게 저의 일이니까요. 그러다가 생각했습니다.

'이 정도 경력을 가지고 있다면 책을 좀 써도 되지 않을까?'

만약 제가 1~2년 차 정도의 경력을 가지고 있거나 한두 종의 책을 만들어본 게 전부인 에디터라면 여러분은 저를 신뢰할 수 있겠습니까? 이제 자신을 향해 질문해보세요.

'나는 책을 쓸 정도로 사람들에게 신뢰를 얻고 있나?'

'내가 쓴 책을 사람들이 신뢰할 수 있을까?'

여러분이 어떠한 분야에서 꽤 오랫동안 경력을 쌓은 사람이라면, 혹은 남들은 가지고 있지 않은 정보를 많이 알고 있는 사람이라면 책쓰기에 도전해봐도 좋습니다. 투고메일을 보면 간혹 이런 분들이 있습니다.

"유럽 여행을 갔는데, 거기가 너무 좋더라고요. 제가 느꼈던 감상을 책으로 엮고 싶어요."

'설마~'라고 생각했나요? 아뇨, 이런 식의 투고는 정말 많습니다. 단순히 한번 스치듯 경험한 무언가를 책으로 풀어내고 싶은 사람들이지요. 이런 분들은 시중에 나와 있는 책들도 단순한 경험을 담아 잘된 게 많다고 생각하더군요. 전혀 불가능한 일은 아니지만, 자세히 들여다보면 이미 저자가 유명한 사람이거나(SNS 팔로우가 많거나) 글을 빼어나게 잘 쓰는 사람이거나 출판사의 마케팅 능력이 대단하거나 이 셋 중 하나입니다.

시나 소설 등 문학 장르 책을 쓰는 저자들은 글을 쓰는 일이 본업인 '작가'입니다. 그 외 자기계발서, 경제경영서, 실용 분야의 책을 쓰는 저자들은 그 분야의 '전문가'입니다. 따라서 여러분 역시 어떠한 분야의 전문가이고, 그 분야 관련 책을 쓰고 싶다면 그다지 어렵지 않게 책쓰기를 시작할 수 있습니다.

결혼 준비에 관련된 책을 쓴 저자는 웨딩플래너이고, 아이 건강에 대한 질병 상식을 담은 책을 쓴 저자는 소아청소년과 전문의이고, 초등학교 입학 준비를 돕는 책을 쓴 저자는 초등학교 선생님입니다. 일러스트 따라 그리기 책을 쓴 저자는 일러스트 작가이고, 다이어트 운동책을 쓴 사람은 피트니스 강사지요. 이것이 정통 방식이자 그 책이 신뢰를 얻는 기본적인 요소입니다.

만약 여러분이 어떠한 전문 분야에서 긴 시간 일했고, '책을 써야겠다' 마음을 먹기도 전에 주변의 누군가가 '책을 한번 써보는 것 어때요?'라는 제안을 했다면, 어서 빨리 컴퓨터 앞으로 가세요. 책을 쓰는 겁니다. 물론 권위에 굴복한 아부성 멘트는 아닌지 판단한 뒤에 말이죠.

꾸준함이 만들어낸 전문성

앞서 말한 '전문가들의 책'과는 달리, 저자가 그 분야에서 긴 시간 일한 전문가는 아니지만 콘텐츠 자체가 독자들에게 신뢰를 얻는 경우가 있습니다. 관련된 몇 가지 예를 볼까요?

도서의 가정생활 카테고리에서 스테디셀러로 긴 시간 사랑받고 있는《한 그릇 뚝딱 이유식》(청림Life) 책은 부부가 함께 썼습니다. 소아청소년과 의사 아빠와 워킹맘인 엄마가 쓴 책이지요. 공저자인 승아엄마 박현영 씨는 요리하는 걸 즐기는 평범한 워킹맘이었습니다. 즉 요리 분야에서 일하는 사람도 아니고 셰프도 아니었지요.

하지만 워낙에 요리를 좋아하고 소질이 있어서, 이것저것 늘 집에서 만들어보며 즐겼지요. 그러다가 아이가 태어나고 이유식을 시작할 무렵부터 소아청소년과 의사인 남편의 조언을 토대로 이유식을 만들어가기 시작합니다. 그리고 모든 요리 과정을 사진으로 남겨 이유식 레시피를 꾸준히 블로그에 올리게 되었지요.

이렇게 올린 이유식 레시피가 블로그에서 크게 인기를 얻었고,

2016년에는 네이버 블로그 인기 순위 종합 4위일 정도로 블로그 인지도가 높아집니다. 아이가 여섯 살이 된 지금까지도 꾸준히 레시피를 블로그에 올리고 있고, 그중에서 사람들에게 인기 있었던 유아식 레시피를 모아 최근《한 그릇 뚝딱 유아식》(청림Life)도 출간했습니다. 현재까지《한 그릇 뚝딱 이유식》은 10만 부가 넘게 판매되었고, 이어서 나온《한 그릇 뚝딱 유아식》은 출간되자마자 한 달 만에 1만 부가 넘게 팔렸습니다.

예약판매만으로 초판 3,000부를 모두 동낸 저력을 보인 다이어트책도 있었습니다. 바로《스미홈트》(청림Life)입니다.《스미홈트》의 박스미 씨는 필라테스나 피트니스 쪽 전문 강사가 아니라 아이 둘을 키우는 엄마였습니다. 미국 콜로라도에 살고 있었지요. 어린 나이에 결혼을 하고 평범하게 살았는데, 둘째 출산 후 변해버린 몸을 빨리 제자리로 돌리고 싶어 다이어트를 시작했다고 합니다.

아이를 키우다 보니 자신만의 시간이 절대적으로 부족했고, 운동을 하면서 자신을 돌보기 시작한 것이죠. 즉 '나만의 시간'이 바로 '운동하는 시간'이었던 셈입니다. 그녀는 아이들을 재우고 집안일을 다 하고 나서 저녁 11시부터 새벽 2시까지 운동을 했습니다. 어찌 보면 외로웠을 그 시간, 의지할 곳이 필요했던 그녀는 자신의 운동 모습을 SNS에 올렸고, 많은 분들의 응원을 받기 시작했습니다. 그러면서 그녀는 다이어트를 원하는 분들에게 친절한 운동멘

토로 자리매김했습니다.

귀찮을 법도 한 자잘한 질문에 늘 답을 달아주고 다정하게 다이어트 팁을 전했지요. 꾸준했던 시간만큼이나 팔로우가 늘고, 그녀의 운동을 따라 하는 무리가 생기게 됩니다. 그리고 온라인에서 '스미홈트'라는 대명사가 탄생하고, 책으로 이어진 것입니다.

비단 실용 분야에만 해당되는 이야기는 아닙니다. 우리나라는 '작가' 타이틀을 달기 위해 등단을 해야 하는 것이 일반적입니다. '등단했다'는 말이 '작가 자격증을 얻었다'는 말과 다를 바가 없을 정도지요. 하지만 문학지에서도 점점 등단제도에 대한 비판이 일고 있습니다. 파벌 문화나 수직적 문단 권력이 생성되는 부정적인 면에 대해 문제 제기를 하는 사람도 늘고 있고요.

그러한 문제의식 덕분인지 모르겠지만, 최근 출판계에서 화제가 된 작가가 한 명 있습니다. 바로《회색 인간》《세상에서 가장 약한 요괴》《13일의 김남우》(요다) 등 총 다섯 권의 소설집을 낸 김동식 저자입니다. 그는 주물공장에서 일을 하고 귀가한 후 스마트폰에 깔려 있는 '오늘의 유머(오유)'라는 앱을 들락거리면서 거기 올라오는 글을 보며 피로를 풀었다고 합니다. 그중에서도 '공포 게시판'을 특히 즐겨 보았고, 어느 날 문득 '나도 한번 글을 써볼까?' 하는 생각이 들었다고 해요.

네이버에 '글 쓰는 법'을 검색해서 하라는 대로, 2~3일에 한 편씩 꾸준히 소설을 썼습니다. 매일 6~7시간씩, 사람들의 댓글을 스승 삼아 쓰고 또 쓰고 했던 것이지요. 이토록 글을 썼던 김동식 작가의 글은 일취월장했고, 독자들 응원을 받으며 자신만의 팬들을 모으게 되었습니다. 그러다 그의 글을 늘 구독하던 한 기획자의 눈에 띄어 단편소설집을 내게 됩니다. 이 소설은 출간 후 석 달도 채 지나기 전 6쇄를 찍었다고 합니다. 하루에 주문이 2,000부 이상 들어온 날도 있었다더군요.

이들은 분야의 전문가로 인정받았던 건 아니지만 책을 만들 수 있었고, 만든 책들이 성공했습니다. 도대체 무엇이 달랐던 걸까요?

여러분이 어떤 분야의 전문가는 아니지만 '관심을 가지고 있는 어떤 분야의 책'을 쓰고 싶다면 그런 콘텐츠를 꾸준히 내뿜는 사람이어야 합니다. 허지웅 작가가 이런 말을 한 적이 있습니다. "엉덩이는 나를 배신하지 않는다."

많은 사람들 머릿속에 '그 사람에게 가면 그 이야기를 들을 수 있어'라고 각인된다면 어떤 현상이 일어날까요? 그렇게만 된다면 여러분이 출판사 문을 굳이 일일이 두드리지 않더라도 많은 출판사 에디터들이 여러분의 연락처를 알아내기 위해 애쓰게 될 겁니다.

여러분은 SNS를 하고 있나요? 허망한 인간관계만 형성하는 시간도둑이라 생각하시나요? 저는 콘텐츠를 기획하고 발굴하는 사람으로서 사람들이 관심을 가지는 이슈가 늘 궁금하고, 사람들이 모여서 소통하는 채널에 호기심을 내뿜는 편입니다.

저와 같은 기획자가 아니더라도 현대사회를 살아가는 구성원이라면 적당한 온라인 활동은 긍정적이라고 생각합니다. 급변하는 세상과는 별개로 느리고 여유롭게 사는 삶도 분명 가치 있습니다.

하지만 여러분은 책을 쓸 생각이고, 어떤 책을 써야 할지 고민하고 있으며, 그 책을 어떻게 팔아야 할지 계획도 세워야 하지요. 그렇다면 최소한의 온라인 활동이라도 하는 게 좋습니다. 직접 하지 않더라도 세상에 대한 감은 익히는 게 중요하니까요.

무엇보다 '알고 있으면서 안 하는 것'과 '몰라서 못 하는 것'에는 큰 차이가 있습니다. ATM 사용 및 폰뱅킹, 인터넷뱅킹, 스마트폰

은행 애플리케이션이 보편화되었음에도 불구하고, 무조건 은행 업무시간에 맞춰 입출금신청서를 통장과 함께 제출해야지만 직성이 풀리는 분들이 있습니다.

'기계에 내 돈을 맡기기 의심스럽다'고 생각하는 분들도 있겠지만 새로운 것을 받아들이는 상황 자체가 두려운 분들이 더 많을지 모릅니다. 막연히 어려울 거라 생각하고 그럴싸한 핑계를 대며 지레 포기하는 거죠.

지피지기가 필요할 때

누구나 휴대폰을 소지하고 다니던 시기, 당시 제가 다니던 회사 대표는 휴대폰을 사용하지 않았습니다. 즉, 휴대폰 없이 사는 사람이었지요. 본인은 불편한 것이 없다고 했지만, 직원들을 비롯한 주변 모든 이들은 가뜩이나 불편(?) 대표인데 휴대폰이 없어서 또 다른 방식으로 더 불편했습니다. 생각해보세요. 이런 분들은 휴대폰과 관련된 어떤 기획이나 사업적 마케팅을 이해하기 어려울 수밖에 없겠지요?

단순히 진화된 기계나 프로그램을 '사용하느냐 마느냐'의 문제가 아닙니다. 사용해보지 않으면 그것이 갖고 있는 장단점과 그것을 사용하는 사람들의 마음을 알기 어렵습니다.

직접 만든 책, 동료가 만든 책, 출판계 지인이 만든 책, 저자가 선물해준 책 등 읽고 싶어서 산 책을 제외하더라도 제 집에는 책이 아주 많은 편입니다. 제가 지난가을에 이사를 하면서 북카페 같은 거실을 만들고 싶어 길게 책장을 두고 TV는 안방으로 치워버리는 도전을 감행했습니다. 'TV 없는 거실' '북카페 같은 거실'을 꾸미고 싶다는 로망을 실현한 것이지요. 거실에 TV가 없으니 정말 볼일이 없더라고요. 이사한 지 반년이 지난 지금 한두 번 켜봤을 정도니까요.

그랬더니 요즘 유행하는 방송을 전혀 볼 수가 없게 되었습니다. 점점 TV 매체에 대한 감이 떨어지더라고요. 〈윤식당〉이나 〈효리네 민박〉을 보며 사람들이 힐링 욕구를 해소하고, 〈무한도전〉 HOT 편으로 추억의 가수가 소환되거나 하는 일에서 자연스럽게 관심이 멀어지게 되었습니다. 또한 밥 잘 얻어먹는 꽃미남 동생도 있고 김비서도 일을 그렇게 잘한다는데, 저는 드라마에서 파생된 언어유희를 전혀 이해하지 못했지요. 솔직히 말해서 TV를 보지 않는 출판기획자인 제가 TV 프로그램에서 파생된 어떤 기획을 떠올리기는 당연히 어렵지 않을까요?

저자가 만들어지는 수많은 채널

다시 온라인 세상으로 돌아와 봅시다. 요즘에는 책으로 발전할 수 있는, 혹은 책에서 파생된 온라인 채널이 무척 많습니다.

자신이 쓰고자 하는 콘텐츠와 시너지 효과를 일으킬 채널은 분명 있습니다. 여러분이 초보 작가고, 콘텐츠에 대한 확신이 없다면 자신과 맞는 채널을 찾아 꾸준히 글을 남기길 권합니다.

'이런 공간에 글을 남기다가 누군가 내 글을 읽고 카피해서 먼저 책을 내버리면 어쩌지?'

아직도 이런 걱정인가요? 진심으로 그것이 걱정이라면 더더욱 자신의 이름으로 꾸준히 글을 쓰기를 권합니다. 어쨌든 온라인 공간이라 글을 쓴 날짜가 자동으로 기록되니까요. 누구보다 먼저 이 콘텐츠에 접근했음을 증명할 수 있고요. 누군가 내 글을 카피했다면 (증명하기 쉽진 않겠지만) 바탕이 되는 내 글이 원조임을(?) 온라인 상에서는 증명할 수 있겠지요. 그렇다면 각각의 채널은 어떤 특색이 있는지 알아봅시다.

블로그

우리나라 사람들은 초록창에 익숙해져 있어서 흔히 네이버 블로그를 많이 합니다. 티스토리나 다른 온라인 채널 블로그를 이용하기도 하지만, 대체로 '블로그는 네이버'라는 공식이 머릿속에 자리하고 있습니다. 기업에서도 마케팅의 일환으로 브랜드 블로그 하나씩은 모두 운영할 정도니까요.

네이버 블로그는 초창기 '파워블로그' 제도를 만들어 나름의 공신력을 부여했습니다. 그런 파워블로거들이 매년 대거 만들어지면서 나름의 권력이 생기고, 그 권력에서 출발한 블로거들의 사업도 성공을 이루게 됩니다. 하지만 한편으로는 '파워블로거지'라는 신조어가 생길 정도로 부작용도 발생합니다.

그래서인지 모르겠지만 네이버는 몇 해 전부터 '파워블로그' 제도를 없애고 '이달의 블로그' 선정으로 바꿨습니다. 이 때문에 네이버 블로그가 힘이 약해졌다고 생각하지는 않습니다. 이미 그전부터 블로그에 글을 쓰던 많은 인구가 인스타그램이나 페이스북 등으로 빠져나갔기 때문입니다.

화면 가득 긴 포스팅 글을 쓸 사람도, 읽어낼 사람도 많이 줄어들었지요. 무엇보다 '네이버 검색창을 이용하는 사람'에서 '구글 검색창' 혹은 '유튜브 검색창'을 이용하는 사람으로 넘어간 것도 블로그 힘이 예전만 못한 이유가 될 거라 생각합니다. 네이버 블로그는 네이버 검색을 할 때 가장 노출이 잘되기 때문에 그 자체로 분명 한계점을 지니고 있으니까요.

그럼에도 불구하고 저 같은 북에디터는 꾸준히 블로그를 해온 사람들에게 호감을 느낍니다. 다른 채널에 비해 블로그 이웃이 충성도가 높기 때문이에요. 그리고 블로그에 남겨둔 글이 140자의 트위터나 인스타그램, 페이스북의 글보다 좀 더 완성도 있고, 퀄리티가 좋다고 생각합니다. 아직까지는 30~40대 인구가 네이버 블로그에 많이 잔류하고 있습니다. 3040이 관심을 가지는 콘텐츠는 어떤 것들일까요? '육아' '자녀교육' 쪽이겠지요. 실제로 이런 콘텐츠로 연재를 하고 싶은 분들은 네이버 블로그를 기반으로 두고 다른 채널로 뻗어나가는 방식을 추천합니다.

《엄마표 영어 17년 보고서》(청림Life)의 남수진(새벽달), 《엄마표 영어 이제 시작합니다》(청림Life)의 한진희(누리보듬) 저자 역시 긴 시간 블로그 활동을 해온 분들입니다. 그들의 오랜 이웃들이 콘텐츠를 지속적으로 구독해왔고, 책이 나오자마자 기다렸다는 듯이 즉각적으로 구매를 해주었지요.

블로그 고정 방문자 수가 높을수록 좋겠지만, 그렇다고 해서 허수가 포함되어서는 안 됩니다. 실제로 몇 해 전 있었던 일입니다.

저자는 파워블로그 딱지가 붙어 있는 블로거였고 하루 몇만 명에 달하는 방문자 수를 거느리고 있어서 책 판매도 당연히 좋을 거라 기대했습니다. 그런데 결과는 처참했어요. 예상과 달리 출간 후 반응이 매우 저조했습니다. 이유를 알아차리는 데에는 그리 긴 시간이 걸리지 않았습니다. 블로그가 매일 방문자 수가 많았던 건 저자가 쓴 리뷰 포스팅이나 공구 모집 포스팅 때문이었습니다.

순수하게 그 사람만이 가진 콘텐츠를 소비하기 위해 들어오는 사람은 많지 않았던 거죠. 그 이후로는 '단순 검색으로 이 블로그에 스치듯 방문한 사람들이 만들어낸 숫자'인지, '콘텐츠를 지속적으로 구독하고 있는 사람들의 숫자'인지 세심하게 관찰합니다.

아마 블로그를 하고 있는 분들의 출간제안서를 받으면 에디터들은 그 블로그부터 분석해볼 것입니다. 어떤 사람들이 방문하는지, 방문자 수가 허수는 아닌지, 그 블로그에서는 어떤 콘텐츠가 소비되고 있는지, 고정 팬들을 거느리고 있는지 등 말이지요.

포스트

네이버에서 포스트 채널을 만들었을 때, 비단 저뿐만이 아니라 대다수 사람들이 '네이버가 페이스북에서 유행하는 카드뉴스식 콘텐츠를 염두에 두었다'는 것을 눈치챌 수 있었습니다. 좀 더 손쉽게 카드뉴스를 만들 수 있도록 양식을 제공해주고, 블로그보다 포스트를 메인에 자주 노출시키는 식으로 포스트의 기능을 알렸지요. 그래서 마케팅 수단으로 블로그를 하던 많은 기업들이 포스트로 옮겨 가기 시작했습니다. 블로그를 하기 부담스러운 사람들 역시 포스트로 몰렸고요. 네이버 역시 '1만 팔로워' '2만 팔로워' 등 팔로워 수에 따라 심벌마크도 찍어주는 등 포스트를 띄우기 위해 노력한다는 것을 확연히 느낄 수 있었습니다.

에디터 입장에서도 1~2만 팔로워 이상의 포스트를 운영하고 있는 분이 투고를 해오면 이 사람의 글이 어느 정도 검증이 되었고, 사람들을 모이게 하는 힘이 있다고 판단했습니다.

포스트는 비주얼적으로 보여주기 좋은 콘텐츠(웹툰 및 실용 등)를 가진 사람, 혹은 주제가 명확해서 그 주제에 따라 꾸준히 연재할 수 있는 사람에게 유리할지 모릅니다. 네이버 메인 페이지 노출에 유리하니 여러분이 다루고자 하는 콘텐츠가 대중적인 주제라면 포스트에 도전해보세요.

네이버 메인 페이지는 본인의 관심사에 맞게 섹션을 구성해놓을 수 있습니다. 건강, 리빙, 연예, 자동차, 여행+, 부모i 등 다양합니다. 각각의 섹션 안에서 대중적이면서도 절로 공감이 되는 주제의 글이면 노출이 잘되고, 좋은 반응을 얻을 수 있습니다. '훈육할 때 쓰면 안 되는 말'이라든지, '인정받는 사람들의 특징' 혹은 '화가 많은 사람은 왜 그럴까?' 등 즉각적으로 관심을 끌 수 있는 주제라면 더욱 좋습니다.

다만 포스트 구독자는 '단순 구독'을 하고 있는 분들이 많아서 책이 나왔을 때 그동안의 포스트에 고맙다는 의리구매가 많지 않을 수 있습니다. 블로그는 이웃들의 애정구매나 의리구매가 많지만, 포스트는 고정 팬을 머물게 하기 어렵습니다. 왜냐면 메인 페이지에서 낚여(?) 클릭해서 들어오는 사람이 더 많기 때문입니다.

페이스북

페이스북에는 20대, 그리고 40대가 유난히 많습니다. 20대와 40대가 소비하는 콘텐츠는 전혀 다르지요. 40대는 유난히 정치 쪽 이야기를 많이 하고, 20대는 취업이나 자기계발, 연애, 광고 쪽 콘텐츠를 주로 소비합니다. '열정에 기름 붓기' '광고의 모든 것' '셀레브Sellev' 등이 20대가 주로 소비하는 대표적인 콘텐츠라 할 수 있습니다.

페이스북에서 출발한 콘텐츠가 책으로 이어진 경우는 정말 흔합니다. 《세상의 모든 리뷰》(알에이치코리아)라는 책도 '리뷰왕 김리뷰'를 운영하는 김리뷰 씨가 썼고, 몇 해 전부터 심심찮게 볼 수 있는 《#너에게》(넥서스북스)와 같은 감성적인 에세이도 대체로 페이스북 페이지를 근거지로 삼고 있습니다. 《어차피 내 마음입니다》(예담)도 '서늘한여름밤'이라는 페이스북 페이지에서 출발했지요.

이렇게 출판사와 연결되어 출간하지 않더라도 본인의 페이스북 인기만으로 성공한 책도 있습니다. 《며느라기》가 대표적이지요. 출판사와 협업하여 출간한 것이 아니라 독립출판 형식으로 책을 만들어 적정 수량만 출간하였습니다. 자극 없는 청정피드를 목표로 하는 '무자극콘텐츠연구소'라는 페이스북 페이지도 크라우드 펀딩을 통해 독립출판물 《무자극》을 출간하였습니다. 출간 후에는 일부 독립출판 서점에서만 판매를 하였고요.

'순수한 마음으로 운영한 페이스북 페이지가 엄청나게 인기를 얻어 책까지 출간하게 되었다'는 건 '잠자고 있었는데, 하필 왕자가 다가와 키스를 했다'만큼이나 드문 일입니다. 어떻게 페이스북 페이지를 순수하게 운영할 수 있나요? 얼마나 시간이 들어가는 일인데요! 물론 '목적이 돈'일 필요는 없습니다만, 이걸 키워서 어떻게 해보겠다는 목적 정도는 가지고 운영하는 게 일반적이지 않나요? 페이스북에 맞춘 깔끔하고 정제된 콘텐츠를 일부러 만들어 올려야 하니까요. 생각보다 시간과 노력이 필요한 일이자 '1년 이상은 투자하겠다'는 각오 또한 필요합니다.

페이스북 유저라면 한 번씩 접해보았을 '다노언니' 역시 창업 전 시장 수요를 알아보기 위해 페이스북 페이지를 운영했다고 합니다. 저는 이 대목에서 큰 충격을 받았지요.

가볍게 올린 다이어트 팁이 인기를 얻어 다이어트 사업으로 진출한 경우가 아니라, 다이어트 업계 1위를 목표로 페이스북 페이지에 뛰어든 셈이니까요. 다이어트 방법을 페이스북에서 공유하면서 '다이어트 노트'의 줄임말인 '다노'가 인기를 얻었다고 하는데, 현재 다노는 다이어트 코칭 및 다이어트 정보 제공, 식품 판매와 피트니스센터 운영뿐만 아니라 다이어트 식품을 제조하는 공장까지 직접 운영할 정도라고 합니다.

여러분이 굉장히 순수한 페이지라고 인식하고 있는 곳도 사실은 기업체 협찬이나 광고비를 받고 운영하는 곳일 수 있어요. 처음에 만들 때부터 작정하고 콘셉트를 잡아서 시작한 페이지도 많습니다. 그러므로 책 출간을 목표로 이제부터 페이스북 페이지를 운영해보겠다는 생각을 하고 있다면 나름의 전략과 콘셉트를 뾰족하게 가다듬어야 할 것입니다.

페이스북이 인스타그램을 인수하면서 그 운영 스타일이 서로 매우 유사해졌는데, 특히나 영상 콘텐츠에 대한 노출이 현저히 높아졌습니다. 같은 콘텐츠라도 이미지보다 영상을 좀 더 우선적으로 노출시키게 되었지요. 인스타그램은 피드에 URL 링크 연결이 제한되어 있고, 페이스북은 외부 URL이 있으면 노출 면에서 더 제약을 두는 식으로 바뀌는 듯합니다. 다만 운영 스타일이 비슷하고, 연결이 즉각적으로 일어나기 때문에 어느 하나에 에너지를 몰빵(?)하지 말고, 이왕 할 거라면 페이스북과 인스타그램을 함께 운영해보세요. 짧막한 글, 이미지, 그림 등의 콘텐츠를 만들어내는 분이라면 일관성 있게 관리해나갈수록 효과적일 것입니다.

카카오스토리

"아직도 카카오스토리를 해?"라고 묻는 분들이 있겠지만, 있습니다! 그리고 생각보다 꽤 많은 사람들이 현재도 활발히 카카오스토리에서 콘텐츠를 만들어내고 있습니다. 다만 40대, 50대 연령이 주를 이룹니다. 그들의 관심사가 무엇일지 떠올려보세요. 대체로 청소년기 아이를 둔 부모겠지요? 갱년기가 시작되는 연령이기도 하고, 제2의 인생을 찾아 떠나야 한다는 등 인생 제2막을 설계하는 사람도 많습니다.

그래서 카카오스토리 채널은 교육, 건강 등의 콘텐츠 소비가 활발히 이루어집니다. 또 클릭 한 번으로 카카오톡을 통해 공유할 수 있어서 콘텐츠가 잘 확산되는 경향도 있습니다. 댓글도 좀 더 진중한 편이지요. 페이스북에서 친구를 태그하여 "이것 봐!" 하는 정도의 공유와는 차원이 다릅니다.

출판사에서도 카카오스토리 본인 채널에서 팔로워와 끈끈하게 소통을 잘하는 저자를 눈여겨보는 편입니다. 카카오스토리 독자들은 충성도가 있는 편이고, 구매력을 가지고 있기 때문에 책이 나오면 즉각적으로 판매가 이루어지는 경향이 있습니다.

'김종원 작가의 생각 공부'라는 카카오스토리 채널은 6만 명 정도의 구독자를 지니고 있지만, 최근 출간된《부모 인문학 수업》(청림Life)은 이 정도의 구독자만으로도(요즘 핫한 인스타그램의 구독자에 비하면 적은 편이지요) 초기 흥행에 성공하였습니다. 인문학에 관심이 많은 연령대, 그리고 교육 콘텐츠에 관심이 많은 연령대의 사람이 카카오스토리에 잔재해 있기 때문이라고 예측했습니다.

카카오스토리에서 출발하여 가장 크게 성공한 책은《아내의 식탁》(나무수)이 아닐까 싶습니다. 2014년 책이 나올 당시 구독자 수만 85만 명에 달했습니다. '아내의 식탁'은 카카오스토리 요리 분야에서 독보적인 1위였지요. 현재는 페이스북으로 옮겨 가 그 명성을 이어가고 있고, 애플리케이션을 만들어 요리 분야 사업을 여전히 활발하게 확장시키는 중입니다.

여러분이 쓰고자 하는 주제가 교육, 건강 쪽이라면 카카오스토리를 해보는 것도 추천합니다만, 사실 카카오스토리 인구가 현저히 줄어들었기 때문에 이쪽에서 애를 쓸 필요까지는 없다고 생각합니다. 기존에 운영하고 있던 카카오스토리 채널이 있다면 좀 더 집중하고, 이제 시작해야 하는 단계라면 다른 온라인 채널을 알아보는 것이 더 나을지 모릅니다.

인스타그램

최근 몇 년 사이에 매우 핫해진 채널입니다. 사진 한 장만 올릴 수 있던 것도 10장으로 변경되었고, 정사각이 트레이드마크였던 프레임도 자유롭게 바뀌었습니다. 20대, 30대가 주로 이용하고요. 페이스북 페이지를 계정에 연결해놓으면 인스타그램에 업로드한 피드마다 인사이트를 살펴볼 수 있습니다. 몇 명에게 도달했는지, 어떤 연령이 주로 클릭했는지, 어느 시간대에 많이 살펴보았는지 등 말이죠. 그러므로 페이스북 페이지를 하고 있다면 인스타그램 도 연결해서 함께 운영하는 걸 추천합니다.

인스타그램에 너무 긴 글은 어울리지 않습니다. 그야말로 직관 적인 순간Instant을 감각적으로 잘 담아내는 게 중요하지요. 구구절 절 이야기하기보다 한 줄, 두 줄 위트 있게 표현하는 게 효과적이 고 글보다는 이미지에 더 방점을 두는 게 좋습니다.

대체로 웹툰, 그림(드로잉 포함), 사진 등을 활용한 책들이 인스타 그램에서 출발합니다.《월화수목육아일》(허밍버드)도 썬비(@sundayb) 의 그림일기를 모아둔 책이고,《토닥토닥 맘조리》(레드박스) 역시 김재호 작가(@oheajmik)의 그림을 토대로 한 에세이입니다.《실어 증입니다, 일하기싫어증》(오우아) 책을 쓴 그림왕 양치기 양경수 작 가(@yangchikii)도 인스타그램에서 큰 인기를 얻고 있는 작가입니 다. 인스타그램은 이렇게 그림 작가들과 시너지를 일으키는 채널 이 아닐까 싶습니다.

《주원홈트》(싸이프레스)의 김주원(@joo.won.kim),《폼롤러 홈 필라

테스》(청림Life)의 이은형(@hopisophie) 등도 수십만 팔로워를 지닌 운동 인스타그래머로서 책을 낸 케이스입니다. 다이어트나 운동 분야도 사진에서 보여지는 즉각적인 반응들이 있기 때문에 이러한 콘텐츠는 인스타그램과 잘 어울립니다.

감성적인 글들도 인스타그램에서 반응이 좋습니다.《무너지지만 말아》(경향미디어)의 흔글(@heungeul)이나《모든 순간이 너였다》(위즈덤하우스)의 하태완(@letterwoan) 역시 수십만의 팔로워가 있는 파워 인스타그래머입니다. 짧지만 마음을 울리는 글귀로 큰 인기를 얻었고, 그 인기는 고스란히 책으로 이어졌습니다.

이미 포화 상태라 해도 과언이 아닙니다만 요즘 사람들이 가장 긴 시간 머무는 핫한 채널이라 인스타그램을 무시할 수는 없습니다. 책으로 만들고 싶은 콘텐츠가 인스타그램에 적합하다고 여겨지면 무조건 운영하길 바랍니다. 단순히 콘텐츠 발산이 아니더라도 저자로서 본인이 가지고 있는 매력을 개인적으로 내뿜을 수 있는 공간이기 때문입니다.

브런치

브런치라는 채널이 생긴 후로 사람들에게 "브런치 알아요?"라고 묻는 재미가 쏠쏠했습니다. 물어본 사람들 중 10% 정도 알았을까요? 저는 출판 쪽에서 일을 하니 관심 있게 보는 채널이지만, 일반

대중에게 브런치는 여전히 달걀프라이와 토스트, 잘 익은 아보카도 정도가 떠오르지 않을까요?

브런치는 다음^{DAUM}에서 만든 채널로, '여기에 글을 쓰면 책으로 만들어진다'는 마케팅을 통해 초기에 잘 자리를 잡았습니다. 글을 쓸 수 있는 자격을 아무에게나 주지 않았고(초기에), 글의 퀄리티 및 플랫폼에 따른 레이아웃도 매우 정돈된 형태라 '그저 글 읽는 게 좋은' 사람들에게 크게 어필했습니다. 글깨나 쓴다는 사람들이 많이 몰렸고요. 정기적으로 '브런치북' 수상작들이 책으로 출간되고, 프로젝트마다 출판사가 협력사로 들어가 있었지요.

브런치북 대상, 금상, 은상 등은 상금도 상금이지만, 자연스럽게 협력 출판사와 연결이 되어 영광스러운 형태로 출간되었습니다. 다만 눈에 띄는 판매고를 올린 수상작 책은 거의 없었습니다. 왜 브런치 인기가 판매로 이어지지 않을까 고민해본 적이 있는데, 브런치 채널 특성상 그 채널만으로도 너무나 고퀄의 글을 읽을 수 있기 때문이 아닐까 혼자만의 결론을 내렸습니다. 즉 브런치에서 이미 읽은 글들을 소장하기 위해 책을 구입하는 사람이 많지 않다고 판단한 거죠.

2018년 초대박 베스트셀러이기도 한 《하마터면 열심히 살 뻔했다》(웅진지식하우스)도 브런치에 연재한 글들을 엮은 것입니다. 하완 작가는 출간 소식을 알리면서 그동안 브런치에 올린 글(책에 들어간) 일부를 삭제하겠다는 이야기를 남겼습니다. 그는 구독자 수 4천여 명의 브런치 작가이고, 브런치에서 수상하지 않았지만 출판사 에디터 눈에 띄어 책 출간으로 이어진 사례입니다. 연재한 글들의 퀄리티만으로 에디터 눈에 띈 거죠.

따라서 브런치는 자신만의 글쓰기 형태를 가다듬고, 글쓰기 근육을 탄탄하게 키우는 공간으로 활용하는 게 좋습니다. 대체로 점잖은(?) 사람이 많아서 다정한 댓글이 많고, 또 진지하게 소통을 원하는 사람도 많이 몰려 있습니다. 그들의 피드백을 받으면서 쓰고자 하는 글의 방향이나 콘셉트를 다듬어나가세요. 10~20편 정도 연재를 하고, 그걸 토대로 남은 원고를 집필한다면 책쓰기가 좀 더 쉬워질 것입니다.

브런치에 몰리는 사람들은 대체로 30대가 많은데, 일하는 현장의 이야기나 전문 분야에 대한 팁 또는 노하우를 담은 이야기가 특히 인기가 있습니다. 카테고리가 세분화되어 있기 때문에 관련된 분야를 찾아서 연재를 해보는 것도 내가 가진 콘텐츠가 얼마나 매력적인지 판단하는 근거가 될 것입니다.

퍼블리

퍼블리는 콘텐츠에 비용을 지불하는 채널입니다. 퍼블리의 캐치프레이즈는 "정제된 콘텐츠로 경험하는 지적 즐거움. 월 2만 1,900원에 PUBLY의 모든 콘텐츠를 만나세요."입니다.

최근 퍼블리에서 소위 말해 대박이 난 콘텐츠가 있는데, 바로 '브랜드 마케터들의 이야기'입니다.

이 콘텐츠는 배달의 민족, 스페이스오디티, 에어비앤비, 트레바리 마케터가 모여서 각각 음식, 음악, 여행, 독서에 관련된 마케팅 이야기를 할 예정이었습니다. 목표금액이 100만 원이었는데, 마감일이 한 달 넘게 남았음에도 불구하고(사진 참고) 1333% 목표를 달성하였습니다.

퍼블리에는 대중적인 이야기보다 직업군이나 어떠한 전문 분야에 대한 좀 더 깊이 있는 이야기가 많습니다. 유료 콘텐츠인 만큼 한 단계 걸러진 양질의 콘텐츠가 많다는 것도 장점이지요. 여러분이 가진 콘텐츠가 이렇게 즉각적으로 돈을 주고 사서 볼 정도로 가치가 있다면 퍼블리 쪽을 먼저 공략해보는 것도 추천합니다.

스토리펀딩

스토리펀딩의 글 자체가 책이 되는 경우는 극히 드물지만 책을 염두에 두고 스토리펀딩을 운영하는 경우는 종종 있습니다. 스토리펀딩은 말 그대로 기간과 주제를 정해 정기적으로 관련된 글을 올리고, 사람들이 그 글을 읽고 펀딩을 하는 겁니다. 사회공헌이 바탕에 깔려 있긴 하지만, 리워드 설정 자체는 스토리펀딩을 진행하는 사람이 구성할 수 있습니다.

대체로 책과 관련된 리워드는 '책 1권+○○○' 이런 식이지요. 몇 해 전만 해도 여행 콘텐츠가 많았는데, 요즘에는 스타트업 관련 스토리펀딩이 많습니다. 그리고 펀딩이라는 성격상 좀 더 공익에 맞닿아 있을수록 성공적입니다. 따라서 여러분이 쓰고자 하는 콘텐츠가 길고양이에 관련된 이야기라든가(동물 보호), 난민 어린이의 이야기를 담았다든가(전쟁 반대), 사회적 약자들을 조명하는 이야기라면(취약계층 돕기) 스토리펀딩을 해보는 것도 좋습니다. 다만 리워드에 책이 들어가려면 출간에 대해 어느 정도 세팅이 되어 있어야 하겠지요.

스토리펀딩에 쓴 글이 출판사의 눈에 띄어 책 출간을 제안받는 건 어려운 일이기 때문에, 저는 책 출간이 확정된 후 사전연재 식으로 스토리펀딩 채널을 활용해보는 걸 추천합니다. 책 콘텐츠를 고정적으로 올리고 책값을 포함하여 리워드를 설정해두는 거죠.

유튜브

요즘 유튜버들의 책 출간도 이어지는 추세입니다. 단순히 유튜브를 어떻게 하면 되는지를 다루는 프로그램 활용법이나 기술적인 이야기를 넘어, 책은 수익에 대한 부분이나 그들이 뿜어내는 콘텐츠와 연결된 이야기를 담고 있습니다. 유명 유튜버 대도서관의 책 《유튜브의 신》(비즈니스북스)이 대표적입니다. '대도서관의 책이 나올 줄이야!' 개인적으로 신선한 충격을 받은 동시에 이런 생각을 했습니다.

'이제는 유튜버들 책 출간도 자연스러워지겠구나.'

아니나 다를까, 얼마 지나지 않아 샌드박스 네트워크의 《나는 유튜브 크리에이터를 꿈꾼다》(위즈덤하우스)도 출격했더라고요. 아마 출판사마다 유튜버들 책 한두 권씩은 준비해놓았는지도 모르겠습니다.

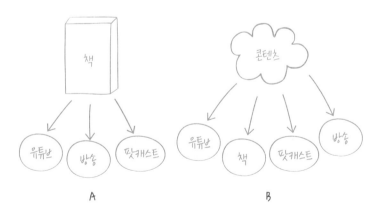

예전에는 책을 중심으로 하여 여러 매체로 뻗어나가는 형태 A였다면, 요즘에는 콘텐츠를 중심으로 '그 콘텐츠를 분출하는 한 창구'로서 책이 활용되는 B와 같은 분위기입니다. 물론 책이 가장 정제되고 퀄리티 높은 결과물이겠지만 이런 지각의 변동을 무시할 수는 없는 일입니다.

유튜브 크리에이터로서 인기를 얻고 있다면 사실 유튜브로 발생하는 수익이 책으로 발생하는 수익에 비해 월등히 높을 겁니다. 굳이 책으로 콘텐츠를 애써 엮지 않더라도 콘텐츠를 인정하고 소비하는 사람들이 있는 셈이지요. 그래서인지 콘텐츠를 책으로 엮는 것보다 그 인물에 포커스를 맞춘 책들이 나오고 있습니다. 그러나 더 지켜봐야겠지요. 출판계는 계속해서 급변하고 있으니까요.

유튜브는 확실히 10대, 20대들이 많이 소비하기 때문에 그들이 관심을 가지는 콘텐츠라면 유튜브 채널을 운영해보는 것도 괜찮습니다. 다만 하고 싶다고 쉽게 할 수 있는 채널은 아닙니다. 영상 제작에 대한 노하우가 있어야 하니까요.

팟캐스트

유튜버 저자보다 팟캐스트에서 활동하는 저자가 훨씬 많습니다. 책을 먼저 낸 뒤 팟캐스트를 이어서 만든 분들도 있고, 팟캐스트 인기에 힙입어 책을 출간한 분들도 있습니다.

팟캐스트가 책으로 만들어진 사례 중 가장 성공한 케이스가 바로 《지적 대화를 위한 넓고 얕은 지식》(한빛비즈)입니다. 2014년 12월에 나온 이 책은 2015년 내내 종합 베스트셀러 10위 안에 안착하여 밖으로 나올 기미를 보이지 않았습니다. 방송인 송은이와 김숙이 진행하던 '비밀보장' 팟캐스트도 《송은이 & 김숙의 비밀보장》(다산책방)으로 출간되었고 아침, 점심, 저녁 영어를 알려주던 '영어 세끼' 팟캐스트도 《영어 세끼》(넥서스) 책으로 만들어졌지요. 특히 언어공부 쪽에서 팟캐스트 인기가 높은 만큼 책으로 만들어지는 경우도 많습니다.

요즘에는 방송사 라디오도 코너별로 쪼개어 팟캐스트로 제공하는 추세인데, 〈김영철의 파워 FM〉의 한 코너였던 '진짜 미국식 영어'가 팟캐스트로 큰 인기를 얻었습니다. 그에 힙입어 《김영철, 타일러의 진짜 미국식 영어》(위즈덤하우스)라는 제목의 책으로 출간되었고 눈에 띄는 판매고를 올리고 있습니다.

팟캐스트는 3040 연령대, 특히 출퇴근하는 직장인들 관심사인 사회, 정치, 어학 분야가 좀 더 화제성이 있습니다. 여러분이 인문사회 쪽 이야기를 하고 싶고, 아직 글로는 정리하지 않았지만 하고 싶은 말이 너무나 많다면 팟캐스트를 시작해보는 것을 추천합니다. 아무래도 음성이기 때문에 영상을 다루는 유튜브보다는 쉬운 편입니다. 팟캐스트가 인기를 얻는다면 더 신이 나서 몰입하게 되겠지만 많은 이들이 듣지 않는다고 해서 너무 실망할 필요는 없습니다. 글로 풀기 어려운 분들은 팟캐스트를 녹음해둔 그 자체가 원고(하고 싶은 말)를 정리해둔 거나 마찬가지이므로 분명 글로 쓸 때 도움이 될 것입니다.

투고메일로 들어온 기획안을 보다 보면 '피식' 웃음이 터져 나오는 경우가 굉장히 많습니다. 기획안 항목은 매우 다양한데(3장에서 자세히 살펴보고요) 그중에서 '마케팅 전략 및 홍보 방안' 항목을 이렇게 채우는 분들이 있습니다.

- 해병대 00기 전우회 100부 구입 예정
- 00초등학교 동창회 200부 구입 예정
- 000동아리 00기 300부 구입 예정
- 로타리클럽 회원 100부 구입 예정

또 믿기지 않으십니까? 꽤 많은 분들이 이렇게 씁니다.

'예상 판매부수'를 이렇게 채우는 분들도 있지요.

군인을
타깃으로
한 책

60만 부
(우리나라 군장병 수 60만이라는 전제)

결혼을 앞둔
예비신부를
타깃으로
한 책

30만 부
(매년 우리나라 결혼 인구 30만이라는 전제)

타깃으로 설정한 그 인구 모두가 책을 산다면 얼마나 좋겠습니까. 만약 그렇다면 '출판계 불황'이라는 말은 진즉 없어져야겠지요.

책을 사주는 사람은 딱 1%

제목에서 밝힌 1%라는 수치는 연구를 통해서 나온 정확한 결과는 아닙니다. 다만 그동안의 경험을 미루어봤을 때 타깃의 딱 1% 정도만 책을 산다는 걸 알 수 있었어요.

앞에서 잠깐 언급한 제가 쓴 책 《이랏샤이마세》(소란)는 일본으로 워킹홀리데이로 가는 사람들을 타깃으로 합니다. 당시 일본 워킹홀리데이를 뽑는 인원이 매년 1만 명 정도 되었어요. 단순 유학생까지 합하면 5만 명 정도가 이 책의 타깃이라고 할 수 있지요.

매년 500권 정도 판매가 된 것 같은데(들어오는 인세로 보아) 1%라는 수치와 얼추 맞아떨어집니다. 일본으로 가는 5만 명의 학생이 모두 책을 샀다면 저는 매일 소고기를 먹고 다녔겠지만, 현실은 그리 녹록지 않았습니다.

여러분이 책을 쓰면 사돈의 팔촌을 넘어 초중고 동창, 대학 동창, 동아리 멤버, 지인, 회사의 모든 사람이 대견해서라도(?) 책을 사줄 거라 여기지만 커다란 착각입니다. 사람들 지갑은 그리 쉽게 열리지 않습니다. 오히려 지인일수록 사인본 한 권 달라고 당당하게 말하지요.

대기업에 다니고 있는 직원은 독서교육 형태로 본인의 책을 회사에서 사줄 거라 기대하지만, 한 직원의 책을 회사 전직원 읽으라고 대량 구매를 하는 경우는 극히 드뭅니다. 여러분의 회사가 그 정도로 금전적 여유가 있고 복지가 좋은 곳인가요? (그렇다면 어딘지 좀 알려주시겠습니까? 그 회사 다니는 분과 출판계약 좀 하려고요.)

결혼을 준비할 때 가장 어려운 일 중 하나가 청첩장을 보낼 명단을 정리하는 것이죠? 대체로 이때 인간관계가 한번 정리됩니다.

'이 사람은 내 결혼식에 올까?'

이때 고민하는 것처럼 진지하게 고민해보길 바랍니다.

'이들은 내 책을 살까?'

대학 1학년 새내기 시절, 친구와 낮술을 진탕 먹고서(저는 주량이 좀 센 편이고요), 취한 친구를 집까지 데려다주기 위해 버스를 탔습니다. 버스가 흔들흔들, "너 괜찮아?" 물었는데 친구가 말하더군요.

"친구야, 《삼국지》에 이런 이야기가 있어. 흔들림 안에 있으면 그 흔들림을 모르는 거라고."

'술주정 한번 요상하게 하네.' 생각했는데, 이후로도 이 이야기가 계속 머릿속에 맴돌더군요.

사람들은 자기가 속해 있는 세상이 전부로 보입니다. 저만 해도 그래요. 갑자기 베스트셀러에 진입한 책, 어떤 저자에 얽힌 일화, 어떠한 출판사의 탄생 비화 등에 민감하게 반응하고 핫이슈인 것처럼 회사에서 동료들과 대화합니다. 그러나 정작 출판계가 아닌 다른 분야에서 일하는 사람들과 이야기를 나누면 '그런 책이 있었어?' '그런 저자가 있어?' '그런 출판사가 있구나~' 하는 등 관심 밖의 일이라는 것을 깨닫습니다.

나에게는 이 세상이 전부인 것 같은데, 온 세상이 들썩일 만큼 너무나도 큰 사건이라고 생각하는데, 다른 사람들은 그다지 관심이 없거나 들어본 적이 없지요.

흔들림 안에 있으면 자신이 흔들리고 있는 사실을 인지하지 못하듯이, 사람들은 저마다의 세상에 집중하며 살아요. 여러분이 속해 있는 곳에서 '내 이름을 모르는 사람이 없다' 할 정도로 유명할지라도 그 세상을 한 발짝만 벗어나면 또 이야기가 달라집니다. 그러므로 여러분은 이러한 착각에 빠지지 않도록 주의해야 합니다.

'나 대단한 사람인데, 이 분야 사람들은 모두 내 책을 살 거야!'

'내 인지도 정도면 책 시장에서도 그대로 먹힐 거야.'

팔로워를 많이 거느린 파워 SNS 유저도 마찬가지입니다. 10만이면 10만, 20만이면 20만, 팔로워 전체가 책을 사준다면 얼마나 행복한 일이겠느냐마는 그럴 일은 번개에 맞는 일보다 확률이 낮습니다. 그럼에도 저자가 SNS 활동을 하고 있고, 팔로워 수가 많은 건 분명 책 판매에 도움이 됩니다.

《광고심리학》(커뮤니케이션북스) 책에서 말하길, 어떤 제품을 광고에서 여러 번 보게 되면 실제로 그 제품이 어떤지 전혀 사용해본 적이 없고 그 제품에 대해 자세히 알지 못하더라도 어쩐지 그 제품이 좋게 느껴지는 경향이 있답니다. 결국 광고를 보고 '단번에 구매'하는 경우는 거의 없는 것이죠. 그래서 자잘하고도 반복적인 광고가 필요한지 모릅니다. 그렇다면 많은 사람의 입과 피드에 오르내리는 책이, 누군가의 마음에 스며들기도 좋지 않겠습니까?

그런 의미로 여러분은 좀 더 영향력 있는 저자가 되려고 노력해야 합니다. 이는 좋은 콘텐츠를 분출하고, 유려하게 글을 쓰는 일만큼이나 중요합니다.

A

책 출간 후 강연 요청이 있다면 적극 임하여 책 판매에도 보탬이 되고 싶습니다. 책이 출간되면 200부를 구매해서 지인들과 활동하는 모임의 사람들에게도 선물하고자 합니다. 자세한 목차와 원고는 메일에 첨부하였습니다. 검토하시고 연락 주시기 바랍니다. 좋은 인연이 되기를 희망합니다.

B

책을 쓰는 것도 중요하지만 홍보도 중요하다는 생각에 블로그, 카페, SNS를 좀 더 적극적으로 활용하여 소통하고자 구축하고 있으며 책 홍보에도 많은 도움이 되리라 생각합니다. 이후 강연이나 대외행사 시 책을 이용할 계획을 하고 있습니다. 그래서 출간 후 200권을 구매해서 적극 활용할 생각입니다.

놀랍게도 위 내용은 각각 다른 사람이 쓴 겁니다. 투고메일이 일주일에도 수십 통이 들어오는데, 어쩜 내용이 이렇게 비슷할 수가 있죠? 유추해보건대, 이 책쓰기 연구소는 최소한 책 200권을 사야 출판사가 좋아할 것이라고 했나 봅니다. 도대체 왜 이런 걸 가르치는 겁니까?

출판사는 여러분의 원고가 책으로 낼 만한 가치가 있다고 판단이 되면 책으로 냅니다. 책으로 내기 아쉬운 콘텐츠라면 저자가 초판을 다 산다 해도 출판하지 않습니다(마음이 흔들리긴 하겠군요). 저자가 책을 구입하는 게 싫지는 않습니다. 공짜로 책을 좀 달라고 빠득빠득 우기는 편보다 훨씬 낫지요. (매우 감사한 일입니다.) 하지만 아무리 책을 구입한다 할지라도 그 조건은 책 계약을 하는 데 결코 긍정적인 영향을 끼치지 않습니다. 오히려 A, B와 같은 메일 내용이 원고를 판단하는 데 마이너스로 작용합니다. 자신감이 떨어져 보일 뿐 아니라 첨부파일을 열기도 전에 콘텐츠가 빈약할 것 같다는 편견에 사로잡히게 됩니다.

획일적인 문구 돌려 막기 식으로 쓰지 말고 당당하게 (물론 정중하게) 메일을 보내세요. 여러분은 한 통의 메일을 한 출판사에 보내게 되겠지만, 출판사는 수십 통의 유사한 메일을 받습니다. 컨트롤C+컨트롤V 한 듯한 내용은 단박에 알아봅니다. 상상하는 것보다 더 독한 출판 귀신들이 메일을 열어본다는 것을 아셔야 합니다.

🔖 독자와 나를 분석해보자

내 책의 독자는 누구인가?

_____

_____

_____

내 책이 독자에게 주는 이익은 무엇인가?

_____

_____

_____

내 책의 독자는 주로 어떤 성향을 가지고 있는가?

_____

_____

_____

그들은 주로 어떤 채널에 몰려 있는가?

_____

_____

_____

내가 쓰고 싶은 콘텐츠는 어떤 채널과 어울리는가?

_____

_____

_____

Chapter 3

원고가 되는 좋은 콘텐츠의 길

꽃보다 콘텐츠

꿀이 가득 고여 있는 꽃에 벌이 모이듯이 좋은 콘텐츠에는 사람이 모여들게 되어 있습니다. 또한 그런 콘텐츠를 묶어 책으로 만들면 그 책은 좀 더 많은 이들에게 사랑받을 확률이 큽니다. 1~2장에서 저는 콘텐츠가 가진 힘에 대해 이야기했습니다. 그리고 저자의 인지도나 SNS의 중요성에 대해서도 강조했지요.

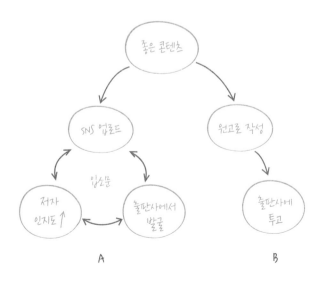

하나의 좋은 콘텐츠가 있고, 이를 책으로 구현해내고 싶다 했을 때, 일반적으로 A와 B의 경우가 있습니다.

요즘처럼 SNS가 발달한 세상에서 하나의 콘텐츠가 퍼져 나가는 데는 그리 긴 시간이 걸리지 않습니다. 댓글 창에는 친구를 태그할 수 있는 기능이 있고, 자신의 채널에 그대로 복사하거나 클릭 한 번으로 공유하는 기능도 있지요. 그러므로 SNS를 비롯한 온라인 매체를 이용하면 콘텐츠에 대한 입소문이 금방 형성될 수 있습니다. 입소문이 나면 자연스럽게 저자의 인지도가 높아질 테지요. 콘텐츠도 훌륭하고, 저자도 인지도가 있고, SNS에서 인정받고 있다면 출판사에서 이를 놓칠 리가 없고요. 즉 B의 경우에 비해 A가 좀 더 쉽게 출판으로 갈 수 있습니다.

에디터의 도움이 있고 없고는 천지 차이

A의 경우에는 콘텐츠를 업로드했을 뿐, 원고로 작성한 상태는 아니겠지요. 그러던 중에 북에디터 눈에 띄어 '출판 제안'을 받게 된 거고요. 여러분이 그 출판사와 책을 내겠다 마음만 먹는다면 이후부터 출판사 에디터의 도움을 받을 수 있습니다. 목차를 완성해 나가는 것도, 원고 형태로 만드는 것도, 자료를 어떻게 챙기면 되는지도 코칭을 받게 되지요.

기존에 나와 있는 SNS 기반의 책들을 보면 SNS를 그대로 옮겨 놓은 것 같은 느낌도 들고, 그동안 쓴 글을 모아서 낸 듯 보이지만 사실 그런 경우는 드물어요. 그대로 냈다면 '그대로 내는 것이 더 좋겠다'라는 에디터의 코칭을 받았을 겁니다.

여러분 또한 '그대로 내면 되겠다' 하는 쉽게 가는 길(?)을 제안 받는다면 얼마나 좋겠습니까. 그런데 완전히 다시 써야 하는 일도 실제로 일어날 수 있습니다. 그럼에도 A의 경우에는 에디터가 곁에 있기 때문에 작업하는 내내 도움을 받을 수 있다는 장점이 있습니다.

B의 경우를 볼까요? 내 콘텐츠를 다듬어 일단 원고를 처음부터 끝까지 작성한 다음 출판사의 문을 두드려야 합니다. 그런데 출판사에서 생각한 원고의 흐름이나 방향이 아니라면 뒤집고 다시 써야 하는 일도 생깁니다. 계약이라도 하고 다시 쓴다면 괜찮겠지만 (계약한 이후에는 에디터가 도움을 줄 테니까요) '콘텐츠는 괜찮지만, 구성이나 원고의 흐름이 이상하다' '새롭게 쓴 원고를 보고서 계약할지 판단해야겠다'라고 한다면요? 여러분은 어쩔 수 없이 다시 써야 합니다.

A4 100장가량 원고를 쓰는 데 시간이 얼마나 오래 걸리고 힘든지 이미 한 차례 겪었기 때문에 마음이 한없이 무너질지도 모릅니다. 그럼에도 다시 썼는데 또 아니라고 하는 경우, 혹은 수정한 내

용으로 다른 출판사에 투고했더니 그 출판사에서는 또 다른 콘셉트로 이야기를 하는 경우 등 변수는 도처에 널렸습니다. 그래서 저는 처음 책을 쓰는 분이라면 A의 경우가 지름길이라고 추천합니다.

좋은 에디터를 찾아서

"하나의 원고가 100명의 에디터를 만나면, 100권의 다른 책이 나온다."

출판계에서는 꽤 유명한 말입니다.

북에디터의 자존감을 높이기 위한 이야기가 아니라 실제로 그러합니다. 어떤 에디터를 만나느냐에 따라 책의 방향도 달라집니다. 그럼 어떤 에디터가 좋은 에디터라고 할 수 있을까요? 저자의 입장에서 좋은 에디터란 다음과 같은 사람이 아닐까요?

'나'라는 저자에 대해 애정을 가지고 있는 에디터

내 콘텐츠에 대해 깊이 이해하고 있는 에디터

여러분에게 애정을 가지고 있고, 여러분이 내뿜는 콘텐츠를 깊이 이해하고 있는 에디터라면 장담하건대 분명 여러분의 책을 '잘' 만들어줄 것입니다. 단순히 계약금을 많이 준다거나 출판사가 크고 작고 하는 조건을 넘어 좋은 에디터를 만나는 것을 우선으로 생각하세요.

그럼 저에게 이런 질문을 할 수 있겠지요.

"대체 좋은 에디터를 어디서 찾는단 말입니까?"

좋은 출판사 찾는 것도 어려운데 좋은 에디터를 어디에서 찾으란 말이냐 답답할 수 있겠지요. 제 대답은 이러합니다.

"찾지 말고, 찾아오게 만드세요."

에디터가 콘텐츠에 대해 깊이 이해하고, 저자에 대해 애정을 가진 채 여러분을 찾아오게 하려면 A보다 더 좋은 경우가 있습니까?

B가 적절할 때도 있지

지금까지 SNS를 해본 적도 없고, 할 생각조차 해본 적 없던 사람이라면 제가 계속해서 SNS를 강조하니 현기증이 날지도 모르겠군요. 제가 이토록이나 SNS를 언급하는 이유는 '요즘의 출판' 시장에 대해 이해시키기 위해서입니다.

어느 날 갑자기 출판사 에디터가 하늘에서 뚝 떨어져 여러분에게 책을 내자고 제안할 일은 잘 없으니까요. 그래서 아주 꾸준히 콘텐츠를 만들고 알리고 독자층을 모으라는 말입니다.

하지만 엄연히 B의 경우가 먹히는 책도 있습니다. 제가 쓰고 있는 이 책쓰기 책도 그러한 경우입니다.

이미 출간된 책쓰기 책이 무수히 많고, 저와 같은 '직업'을 가진 분들도 셀 수 없을 정도로 많으니까요. 저는 북에디터로서 책을 어떻게 쓰면 되는지 설명할 테고, 제 생각이 유난히 특출한 것이 아니라 출판사의 대다수 에디터들이 저와 유사한 팁을 줄 수 있습니다. 그러니 이 책의 경우 B가 좀 더 적합한 형태지요. 특히 '지금까지 에디터가 쓴 책쓰기 책은 없다'는 것이 이 책이 가진 SWOT의 기회Opportunity 요소였습니다. 이 말인즉슨 '빨리 낼수록 좋다'는 의미를 내포합니다. 따라서 연재를 하면서 독자층을 모을 시간이 없지요.

나는 북에디터 직업 관련 블로그를 운영하고 있다	저자에 대한 (나름의) 인지도
책쓰기 책이 너무 많다	독자층은 분명 존재한다 (수요에 대한 확신)
직업이 에디터라니 글쓰기에 어려움을 겪지는 않겠지	원고 퀄리티에 대한 보장

에디터가 쓴 책쓰기 책이 현재 없다	빨리 출간할수록 좋다 (이후로 나오는 건 어쩔 수 없지만 시장을 선점하는 것이 중요)
연재를 하면 아이디어를 제공하는 셈이 된다	다른 에디터들이 등장할 가능성이 있다
원고를 완성하기 위한 에디터의 도움은 없거나 최소한으로도 괜찮다	저자가 에디터니까 원고를 주관대로 끝까지 마무리하여 넘겨도 되겠다는 확신

여러분의 상황도 이렇게 조목조목 따져서 판단해보세요. 그리고 생각해보는 겁니다. 나는 A로 가야 할지, B로 가야 할지.

책에도 유행이라는 것이 있고, 판매 흐름이라는 게 있습니다. 하지만 이것을 눈치 챘을 때 시작하면 늦어요. 원고를 끝까지 작성했다고 하더라도 출간하기까지는 적어도 한 달 이상 걸리니까요.

책을 쓸 때의 상황과 책이 나올 때의 상황이 완전히 다를 수 있습니다. 시간이 흘러 유행만 바뀐 게 아니라 그 콘텐츠를 소비하는 독자들 사이에서도 피로감이 쌓이게 됩니다.

그래서 출판사에서도 '아직까지는 유행의 흐름 위에 있다'와 '비슷비슷한 것들이 쏟아져 나와 피로감이 쌓여 있다' 사이에서 고민하고, 좀 더 세밀하게 독자들을 예측하기 위해 애씁니다. 이렇게 독자들을 예측해보는 일은 분명 저자에게도 필요한 일입니다.

너도 나도 뿜뿜

SNS를 하는 인구가 많아지면서 소위 말해 SNS 작가들이 하나둘씩 등장하기 시작했습니다. 그들도 처음부터 책을 염두에 둔 건 아니었을 겁니다. SNS에 올리는 콘텐츠가 점점 인기를 끌고, 그럴수록 팬이 늘고, 입소문이 난 것이죠. 그러다가 출판사 에디터 눈에 띄어 책 출간을 제안받았을 테고요.

본인을 '시팔이'라 칭하는 SNS 시인으로 유명한 하상욱 씨는 SNS에서 출발한 대표 작가라 할 수 있습니다. 그가 2013년 《서울시》(중앙북스)라는 시집을 냈을 때 몇몇 사람들은 비아냥거렸을지 모릅니다. '이게 무슨 시야?' '이런 말장난 나도 하겠다!'라고 말이지요. 하지만 시의 퀄리티를 떠나 하상욱 작가는 자신만의 유머코드를 유지하며 콘텐츠를 이어나갔고, 그것이 인기를 끌었습니다. 당시 트위터나 페이스북으로 그를 팔로우하는 사람이 수십만 명에 달했을 정도니까요.

그의 시집은 1, 2권을 합쳐 23만 부 이상 판매되었다고 합니다. 특히 교보문고 집계로 10년간(2004~2014년) 시집들 가운데 총 판매 순위가 4위라고 하니 실로 어마어마하지요?

이후 2015년 《읽어보시집》(넥서스북스)의 최대호 작가도 등장합니다. 자칫 '제2의 하상욱' 정도로 그칠 수도 있었지만, 스스로 '내 시에는 깊이가 없다'고 인정하며 일상의 일들을 해학적으로 꾸준히 풀어냈어요. SNS 인기를 유지하며 활발히 활동했기 때문에 책도 나름 성공한 게 아닐까 싶습니다.

이들을 보고서 '이런 글 따위 나도 쓰겠다' 하던 사람들이 실제 전략 없이 원고만 써두고 출판사 문을 두드리면 책이 될까요? 될 수야 있겠지요. 하지만 독자들에게 어필하고 선택받기는 어려웠을 겁니다.

2017년이 되어서야 인기 방송인 유병재의 《블랙코미디》(비채) 정도가 유사한 계보를 잇고 있는 느낌이니까요.

SNS 웃음라인 작가들이 책을 발판으로 다른 일들로 뻗어 나갈 때, SNS 감성라인 작가들이 등장하기 시작합니다.

《아무것도 아닌 지금은 없다》(쌤앤파커스)의 글배우, 《#너에게》(넥서스북스), 《모든 순간이 너였다》(위즈덤하우스)의 하태완, 《무너지지만 말아》(경향미디어)의 흔글 등이 대표적입니다.

새벽에 감수성을 폭발시키는 말랑말랑한 글을 담은 이들의 책이 에세이 독자들에게 큰 인기를 얻습니다. 오죽하면 예스24에서 'SNS 스타 작가 한정판 스페셜 에디션 세트'를 구성했을까요. 이 세트에는 흔글을 비롯해 새벽 세시, 해나, 동그라미 등 SNS 스타 작가의 책들이 포함되어 있습니다. 어쩌면 2017년 베스트셀러 순위에서 빠지지 않고 등장했던 《언어의 온도》(말글터)의 이기주 작가도 유사한 감성라인이라 할 수 있습니다.

요즘 나오는 에세이를 보고서 글깨나 쓴다는 분들이 '좌절감이 느껴진다'고 한탄하는 것을 본 적이 있습니다. '내가 이들보다 훨씬 글을 잘 쓰는 것 같은데…' 하고 말이지요.

SNS 힘으로, 혹은 출판사의 힘으로 성공한 것 같은 생각이 드나요? 그들이 성공한 아주 깊은 곳에는 '꾸준함'이라는 무기가 있었습니다. 그 꾸준함 덕분에 어마어마한 수의 SNS 팔로워가 생겼고, 그 꾸준함 덕분에 인기를 유지할 수 있었고, 그 꾸준함 덕분에 출판사 눈에도 띈 것이죠.

아무튼 지금 이 순간에도 글배우나 흔글 작가를 꿈꾸며 SNS에 감성글을 올리는 분들을 심심찮게 볼 수 있습니다. 그들이 인기를 끌고 책을 내고자 출판사 문을 두드렸을 때, 출판사에서는 이러한 감성 에세이의 피로도가 고농축으로 쌓여 있지는 않은지 분명 고민하게 될 것입니다.

2016년 베스트셀러였던 백영옥 저자의 《빨강머리 앤이 하는 말》(아르테)이 나온 뒤 2017년에는 김신회 저자의 《보노보노처럼 살다니 다행이야》(놀)가 출판계에서 핫이슈였습니다. 저 같은 출판기획자들은 '에세이의 주 독자층인 3040 여성들에게 유년 시절 향유했던 캐릭터에 대한 그리움이 아직 있구나'라고 생각하고 이러한 인기가 좀 더 지속될지 타진해보았습니다.

아무튼 2018년 현재는 《곰돌이 푸, 행복한 일은 매일 있어》(알에이치코리아)가 출간되어 베스트셀러 종합 1, 2위를 기록하며 연일 화제가 되고 있습니다. 어서 빨리 〈아기공룡 둘리〉나 〈달려라 하니〉 〈배추도사 무도사〉 같은 추억의 캐릭터를 소환하여 글을 쓰고 싶지 않으신가요?

네가 하면 불륜, 내가 하면 로맨스

에세이를 떠나 다른 분야 책들도 마찬가지입니다. 특히 '육아서' 시장은 열혈 엄마들로 넘쳐납니다. 몇 해 전만 해도 꾸준한 블로그 활동으로 인기를 얻은 엄마들이 자신의 육아일기를 묶어 출간한 책들이 유행했습니다. 한두 권 성공한 뒤로 출판사의 투고메일함은 엄마들의 육아일기 모음으로 가득 찼습니다.

'그들은 되고 왜 나는 안 되나?'

말했듯이 출판시장은 생각보다 빠르게 변화하고 있고, 책을 읽는 독자들도 생각보다 빠르게 피로를 느낍니다. 회사를 그만두고 그동안 모았던 돈을 몽땅 들고서 세계일주 다녀온 여행기가 한동안 인기를 끌었지요. 지금 이러한 이야기에 심장이 뛰나요? 회사 그만두고 해외여행 가는 일은 너무나 흔한 일이 되었지요.

산후우울증을 앓았던 엄마가 책을 읽으며 삶의 의미를 되찾고 아이와 애착관계가 좋아진 이야기는요? 가슴을 울릴 정도로 감동을 주나요? 혹은 아이와 한 달씩 어떤 도시에 머무는 이야기는요? 생각보다 빠르게 변하고 생각보다 빠르게 독자들은 지칩니다.

AI가 도래하였고 이것이 우리 대신 일하는 시대, 하루에도 새로운 무언가가 만들어지는 세상에서 우리는 살고 있습니다. 그럼에도 여러분이 쓰고자 하는 그 책이 지금, 그리고 앞으로도 여러분만이 할 수 있는 이야기라면 '그때는 맞고, 지금은 틀린' 것이 아니라 지금 해야 합니다. 여러분 안에 있는 그 이야기를 꺼내길 바랍니다.

저는 오키나와를 매우 좋아합니다. 워킹홀리데이로 도쿄에 살았을 때 한 일본인 친구(도쿄 토박이)가 있었는데, 그 친구는 오키나와 본토 여성을 만나 오키나와에서 사는 것이 소원이라고 제게 입버릇처럼 말했습니다. 아무도 없는 무인도에 누워 떨어지는 별을 바라보고 있노라면 그 아름다움에 눈물이 주루룩 날 정도라고도 덧붙였지요.

그때부터였을까요. 저 역시 오키나와에 대한 환상이 생겼나 봅니다. 이후 혼자서도 오키나와 여행을 했고, 남편과 연애할 시절에도 갔고, 결혼한 이후로는 매년 오키나와에서 열흘씩 휴가를 보내고 옵니다.

주변 사람들이 오키나와에 꿀단지를 숨겨놓았느냐고 물을 정도로 매년 가니, 해마다 새로운 오키나와 추억이 쌓입니다.

저는 이때의 사진과 감상을 블로그에 기록해두는데, 2013년에는 핫플레이스 위주로 포스팅을 정리했습니다. 2014년은 아이와 함께 오키나와 여행하기 콘셉트였고요. 2015년에는 '비치' '숙소' '유명장소' 등의 키워드로, 2016년에는 여행 1일 차부터 10일 차까지 있었던 하루하루를 정리했습니다. 2017년에는 함께한 사람들 중심으로 이야기를 풀어내었습니다.

'오키나와 여행'이라는 하나의 이야깃거리가 이렇게 다양한 콘셉트를 입고 재탄생한 셈이지요.

더도 말고 덜도 말고 한 줄

여러분의 콘텐츠를 곰곰이 떠올려보세요. 그리고 어떤 콘셉트를 입히는 게 좋을지 생각해보세요. 이런저런 이야기가 덧붙여진다면 콘셉트가 명확하지 않다는 것을 의미합니다. 더도 말고 덜도 말고 콘셉트는 딱 한 줄이면 됩니다.

이 책을 쓸 때 저는 '에디터가 알려주는 책쓰기 기술'이라는 콘셉트를 잡았습니다. 이 한 줄만큼 제 책을 설명하는 문장은 없습니다. 여러분은 어떠한가요? 한 줄로 표현이 되나요?

피키캐스트 "우주의 얕은 지식", 현대캐피탈 "집중에 집중하다", 구글플레이 "즐거움을 플레이하다"를 만든 '이노션 월드와이드'의 콘셉트 디렉터 김동욱 씨는 본인의 저서 《결국, 컨셉》(청림출판)에서 콘셉트에 대해 이렇게 말합니다.

"콘셉트는 소비자와 브랜드를 연결해주는 '너와 나의 연결고리'인 셈입니다."

그렇다면 책에서의 콘셉트는 어떠해야 할까요? 원고가 독자에게 잘 읽힐 수 있도록 연결고리 역할을 해줘야 하겠지요.

여러분의 콘텐츠가 이렇게 다양한 모양, 다양한 크기를 가지고 있다고 가정해봅시다. 이를 어떻게 정리할지 고민해보세요. 어떤 누군가는 색깔별로 정리할 수 있고, 어떤 누군가는 모양별로, 어떤 누군가는 크기별로 정리할 수 있겠죠. 면적 크기 순으로 할 수도 있겠고요. 나름의 규칙을 정하고 정리해볼 수도 있을 겁니다.

정리를 할 때에는 '내가 정리할 때 편한 것'도 물론 좋겠지만 '사람들이 이렇게 정리를 해줘야 더욱 이해하기 쉽겠지?'가 전제되어야 합니다. 그리고 '이렇게 정리해야겠다'는 것이 바로 여러분의 원고를 관통하는 콘셉트가 됩니다.

뾰족한 콘셉트를 찾아라

사람들은 평범한 이야기에 관심이 없습니다. 누구나 재미있는 글, 매력적인 책에 관심을 가집니다. 아무리 잘 뽑았다 싶은 한 줄의 콘셉트도 독자의 마음을 끌지 못하면 무용지물입니다. 즉 콘셉트가 매력적이어야 하지요.

《결국, 컨셉》(청림출판)의 김동욱 저자는 "그 제품만이 가지고 있는, 어떤 다른 브랜드도 가지고 있지 않은 '제품의 강력한 세일즈 포인트'와 '소비자의 필요 혹은 선호'라는 두 가지 요소가 반영되어서 도출된 것이 바로 콘셉트"라고 말합니다. 이 두 가지 요소가 균형 있게 도출되어 나온 콘셉트에만 힘이 있다고…. 그런데 요즘에는 이 두 가지만으로는 부족하다고, 하나의 개념을 더 설명합니다.
"지금까지의 콘셉트에 대한 개념과 요즘 콘셉트 개념에는 현저하게 다른 점이 있습니다. 바로 준거점(경쟁)까지 감안해야 한다는 점입니다. 쉽게 말해, 소비자의 머릿속에서 '경쟁자'는 어떤 인식 혹은 이미지로 자리 잡고 있는지를 감안해서, 그것과 다른 위치에 서게 해주는 것이지요."

독자의 머릿속에 자리 잡은 다른 책에 대해서도 감안하고, 여러분의 책이 가져야 할 콘셉트를 세밀하게 다듬어야 성공할 확률이 높아집니다. 이는 유사도서에 대해 잘 파악하고 있어야 한다는 말이기도 합니다. 그런데도 투고메일을 열어보면 대체로 이렇게 말합니다.

"이 책과 유사한 도서는 없습니다."

출판사 쪽에 어필을 하고자 자신감 있게 쓴 말인지 모르겠으나, 투고원고 제목만 봐도 머릿속에 유사도서 서너 권은 떠오르는데 어찌 된 일일까요? 자신을 속이고 있거나 현실을 모르고 있거나 둘 중 하나겠지요.

출판사에서 일하는 에디터들은 출판시장을 훤히 읽고 있는 사람들입니다. 감출 필요가 없습니다. 금세 드러날 테니까요. 그 에너지를 원고가 경쟁력을 갖도록 콘셉트를 뾰족하게 다듬는 데 쓰세요. 물론 유사도서를 제대로 파악한 뒤(준거점 감안) 말이지요.

제품의 강력한 세일즈 포인트	세밀하게 뽑은 콘셉트
소비자의 필요 혹은 선호	독자들의 필요를 확인한 콘셉트
준거점 감안	유사도서와 차별화된 콘셉트

여러분은 배추김치 한 쪽을 어떻게 썰어 접시에 담나요? (저는 밑동을 집게로 잡고 가위로 무자비하게 잘라냅니다만) 길쭉하게 썰어내는 집도 있고, 동그랗게 말아서 써는 집도 있지요. 한때 주부 9단 블로거들이 '김치 맛있게 써는 방법'을 많이 공유했는데, 그중 한 방법은 이러했습니다.

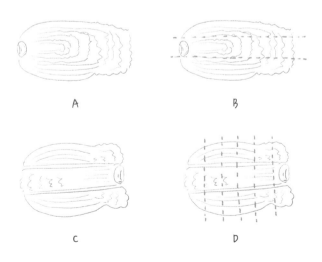

김치(A)를 길쭉하게 썬(B) 뒤 가운데 부분 방향을 바꿔놓고(C) 세로로 썰면(D), 줄기 부분과 잎 부분이 섞여 있어 김치를 부위별로 골고루 먹게 된다고 합니다. 신박하죠?

김치의 줄기를 원고 '내용', 잎을 '관련 Q&A'라고 해볼까요?

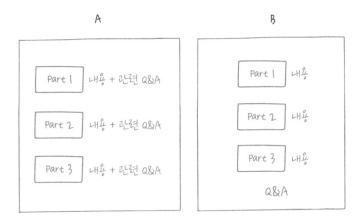

원고의 본 내용 외에 관련된 Q&A도 묶어서 넣어야 하는 원고라면 김치를 썰어낼 때처럼 방법은 여러 가지입니다. 신박한 김치 썰기 방법처럼 내용과 Q&A가 교차로 나오게 할 수도 있고, 본 내용이 끝난 뒤에 Q&A를 몰아서 넣어도 되지요. 정해진 룰은 없습니다. 다만 나름의 규칙만 정해서 나가면 됩니다.

목차는 규칙을 지닌다

여러분의 책장에서 가장 마음에 드는 책 다섯 권을 꺼내보세요. 그리고 목차 페이지를 펼쳐 봅니다. 그 책이 어떤 분야든지 목차에 나름의 규칙이 있음을 발견할 것입니다. 제아무리 복잡한 스타일의 책이라도 규칙이 있습니다. 대체로 목차에는 다음과 같은 형식이 있습니다.

일단 Part를 뜻하는 '부'가 Chapter를 뜻하는 '장'보다 큰 개념입니다. '부' 아래 '장'이 있지만, 저자인 여러분은 개념 정도만 알고 있으면 됩니다.

여러분이 읽고 있는 이 책은 7개의 '장'으로 만들었습니다. '부'는 없습니다. 다시 말해 '부'가 필요한 원고가 있고, '장'만으로 이루어진 책도 있습니다. 어떤 경우에 '부'가 필요할까요?

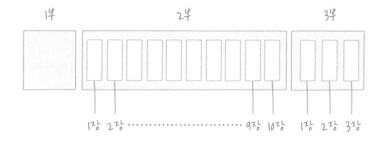

《NEW 임신출산육아 대백과》의 목차 구조

《NEW 임신출산육아 대백과》(청림Life) 책은 임신·출산·육아에 관련된 대백과 형식으로 되어 있습니다. 일반 단행본에 비해 다소 복잡한 구조지요. 1부는 임신기간 산모들이 많이 궁금해하는 질문들을 모아 구성했고, 2부는 10개월의 임신기간에 맞춰 임신 개월별 '장'을 만들었고요. 3부는 출산 후 3개월까지의 이야기를 담고 있어서 각 장을 '출산 후 1개월' '출산 후 2개월' '출산 후 3개월'로 구분했습니다.

'부'가 있는 목차는 다소 분량이 다양하게 설정된 경우가 대부분입니다. 대체로 취미·예술·실용서들이 이렇게 복잡한 구조를 지니고 있습니다.

최근에 출간된 여행서 목차를 한번 살펴볼까요?

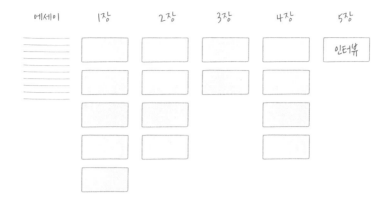

《베리 포틀랜드》의 목차 구조

《베리 포틀랜드》(청림Life)의 경우 1장의 Shop, 2장의 Restaurant, 3장의 Drink, 4장의 Oregon Trip, 5장의 Portlander까지 각각의 '장'으로 잡혀 있습니다. 그리고 매장마다 하위 개념으로 구분하였지요. 예를 들어 2장 Restaurant 안에 '마켓' '레스토랑' '디저트숍' '푸드 카드' 4개를 나누는 식으로요. 결이 다른 에세이는 '장'에 넣지 않고, 본론이 시작되기 전의 도입 파트처럼 목차를 짰습니다.

에디터의 의도에 따라 각 '장'이 끝난 뒤에 에세이 한두 편을 배치하는 식으로 구성해도 되었을 겁니다.

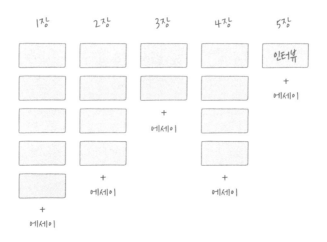

이렇게 말입니다.

사실 구성을 다듬는 건 여러분 원고의 담당 에디터가 맡아서 하게 되겠지만, 이런 목차의 구조를 감안하고 원고를 써 내려가면 집필할 때도 훨씬 수월합니다. 어찌 되었든 목차를 짤 때 이것 하나만 명심하면 됩니다.

"나름의 규칙이 있어야 한다!"

대체로 실용서를 제외하면 '부'까지 만들어지지는 않습니다. 위와 같은 목차가 가장 일반적인 형태지요. 이렇게 '장'으로만 구성이 될 때는 어떤 '장'만 특이하게 내용이 많거나 복잡해지지 않도록 분량이나 스타일을 조정하는 게 좋습니다.

목차가 복잡하면 복잡할수록 쓰는 사람도 힘들고, 읽는 사람도 힘듭니다. 독자들이 주제에 관한 상하 개념을 이해할 수 있도록 명확하게 구분하는 걸 권장합니다.

목차의 소원은 통일

목차를 완벽히 짜고, 그에 맞춰서 원고를 준 저자는 13년 차 북에디터인 저의 경험상 다섯 손가락에 꼽을 정도입니다. 여러분이 '당연히 해야 할 일'이라고 할 수는 없지만 목차에 맞게, 기본 스타일에 맞게, 통일감 있게 구성해서 원고를 주면 담당 에디터는 엄마미소 머금으며 편집작업에 들어갈지 모릅니다.

오해를 할까 봐 덧붙이자면 목차에 통일감을 주는 것은 에디터를 위해서가 아니라 여러분이 원고를 더욱 쉽게 쓰기 위해서랍니다.

부제목	장제목	중제목	소제목
			소제목
			소제목
		중제목	소제목
			소제목
			소제목
	장제목	중제목	소제목
			소제목
			소제목
		중제목	소제목
			소제목
			소제목
부제목	장제목	중제목	소제목
			소제목
			소제목
		중제목	소제목
			소제목
			소제목
	장제목	중제목	소제목
			소제목
			소제목
		중제목	소제목
			소제목
			소제목

'부'까지 들어간 기본적인 형태입니다. 앞에서 말했듯, 부가 없이 '장'으로 이루어진다 해도 이 형태에서 크게 벗어나지 않을 것입니다.

이런 하위 개념으로 내려가게 되는데, '소소소제목'까지 가는 형태는 아무래도 복잡해 보이겠지요.

이렇게 목차를 정하고 꼭지 제목들을 정할 때 역시 나름의 규칙이 있으면 좋습니다. 문장형이면 문장형, 단어형이면 단어형, 영어면 영어 등 그 제목라인의 형태를 유사하게 맞추는 게 좋습니다.

여러분이 보고 있는 이 책의 목차 구조는 다음과 같습니다.

Chapter 1 내 이름으로 된 책 한 권 내는 게 소원이에요	[중제목] 그 소원 참으로 소박하고도 원대하도다	[소제목] 오로지 출간이 목적이라면
		[소제목] 따박따박 들어오는 인세가 목적이라면
		[소제목] 내 가치를 높여 기회를 만드는 것이 목적이라면

	중제목	소제목
	[중제목] '내 이름으로 된 책'이란 '나만이 이야기할 수 있는 콘텐츠'	[소제목] 독보적이라는 포장지
		[소제목] 나만이 이야기할 수 있는 콘텐츠인지 어떻게 알지?
	[중제목] 콘텐츠가 서 말이라도 팔려야 보배	[소제목] 연기하는 것과 내 연기를 누가 봐주는 것
		[소제목] 나무야 미안해
		[소제목] 그래서 필요한 건 뭐? 전략!
Chapter 2 나 대단한 사람인데요?	[중제목] 누구나 쓸 수 있지만 아무나 쓸 수 없다	[소제목] 다들 책 써보라고 하던데?
		[소제목] 꾸준함이 만들어낸 전문성
	[중제목] 얼마면 돼? 인기!	[소제목] 지피지기가 필요할 때
		[소제목] 저자가 만들어지는 수많은 채널
	[중제목] 지인들만 사줘도 초판이 다 팔릴 거라는 착각	[소제목] 책을 사주는 사람은 딱 1%
		[소제목] 왜 자꾸 투고할 때 책을 산다고 해요?

제 의도를 눈치챘을지 모르겠지만, 장제목은 여러분 입장에서 하는 말이고 나머지 중제목과 소제목은 제가 해주고 싶은 이야기로 꼭지 제목을 정했습니다.

통일해야 할 일은 이 외에 또 있습니다.

중제목이 나온 뒤 바로 소제목이 나올 것인지, 본문 글이 먼저 흐른 뒤 소제목이 나올 것인지 그런 것들을 미리 정하면 좋습니다. 이 책은 중제목과 소제목 사이에 글이 있지요.

[중제목] 그 소원 참으로 소박하고도 원대하도다
글
[소제목] 오로지 출간이 목적이라면
글
[소제목] 따박따박 들어오는 인세가 목적이라면
글
[소제목] 내 가치를 높여 기회를 만드는 것이 목적이라면
글
[중제목] '내 이름으로 된 책'이란 '나만이 이야기할 수 있는 콘텐츠'
글
[소제목] 독보적이라는 포장지
글
[소제목] 나만이 이야기할 수 있는 콘텐츠인지 어떻게 알지?
글

할 거면 다 하고, 안 할 거면 다 안 하는 식으로 구성을 통일시켜야 합니다. 어떤 저자들은 장제목이 나온 뒤 반드시 명언으로 이야기를 시작했는데, 이런 요소 역시 넣을 거면 다 넣고, 안 넣을 거면 다 안 넣는 식으로 맞춰야 합니다.

원고를 쓰다 보면 결이 조금 다른 이야기를 해야 할 때가 분명 생깁니다. 그럴 때는 '별도의 페이지'로 구성해볼 수 있어요. 그런데 이 역시 나름의 규칙을 적용하여 넣도록 합니다. 그렇게 목차만 보기 좋게 잘 정리되어도 저자가 하고 싶은 이야기가 명확하게 느껴집니다.

출판사에서 여러분의 원고를 토대로 목차를 다시 매만져주겠지만 처음부터 이런 규칙을 감안하고 쓴 원고와 아닌 원고는 확연히 차이가 나겠지요?

목차가 열일했네!

글쓰기가 익숙하지 않은 분들은 자신의 콘텐츠를 글로 옮기는 일 자체를 정말 힘겨워합니다. 생각하는 것들이 글로 써지지 않는 거죠. 머릿속에서 맴맴맴 콘텐츠만 맴돌고 있을 것입니다. 이런 분들일수록 목차를 잘 짜는 게 좋습니다.

은유적인 표현보다는 구체적인 주제를 담은 꼭지 제목을 만들어두세요. 그리고 칼럼을 쓰듯이 하나씩 제목을 클리어해나가는 식으로 원고를 쓰면 좀 더 수월합니다. 이렇게 하다 보면 하나의 목차 내용을 쓰는 데 물리적 시간이 얼마나 걸리는지 알게 됩니다. 결국 원고를 쓰는 전체 시간도 알게 되는 동시에 시간을 계획적으로 활용하게 되겠지요.

큰 산을 그려야 하는데   나무 한 그루에 집착

초보 저자들의 공통적인 특징이 있습니다. 큰 산을 그려야 하는데, 처음 그리는 나무 하나에 집착을 한다는 점입니다. 이 나무가 마음에 들지 않으니 다른 나무를 그릴 생각이 들지 않는 거죠. 그러면 산은 언제 완성되지요?

만약 여러분에게 간단하지만 이런 가이드가 있다면 어떨까요?

잎이 초록색이면서   크리스마스트리처럼   단풍이 든 것처럼
줄기가 굵은 나무   생긴 나무   알록달록한 나무

나무를 그리는 데 훨씬 수월하지 않을까요? 그렇게 여러 나무를 그려놓고 나면 나름 큰 산을 채울 정도가 되고, 그때부터 나무를 재배치하면서 가장 아름다운 형태의 산이 되도록 만들어보는 겁니다.

그렇게 되려면 목차가 구체적이면 구체적일수록 매우 좋겠지요? 원하는 구체적인 목차가 나왔다면 여러분은 그 목차에 따라 신문사에 칼럼을 제출하듯이 자신만의 데드라인을 정해보세요. '한 주에 하나씩 써야지!'처럼 말이죠. 그럼 훨씬 능률이 오를 겁니다.

여러분이 투고원고를 보낼 때에는 기본적으로 '기획안'과 '샘플 원고'를 함께 보내야 합니다. 원고 전체를 보내도 괜찮습니다.

지금부터 설명할 '기획안'은 출판사를 설득할 목적으로도 사용 되겠지만, 궁극적으로는 여러분이 원고를 마무리할 때까지 흔들리 지 않게 도와주는 튼튼한 뼈대가 되어줄 겁니다. 따라서 누군가를 현혹하기 위해 과장되게 쓰기보다 현실을 직시하여 정확하게 쓰기 바랍니다. 콘텐츠가 원고가 되고 책으로 출간이 되는 머나먼 여정 을 이끌어줄 가이드로 삼아야 합니다.

각 출판사마다 투고를 받는 방식은 조금씩 다르지만, 대체로 유 사합니다. 출판사 홈페이지에 그 양식을 제시한 곳도 있습니다. 그 에 따라 적절하게 쓰면 됩니다. 기획안에 필요한 요소는 다음과 같 습니다.

가제는 개편

임시로 잡아둔 제목을 '가제'라고 합니다. 여러분이 정한 가제 그대로 제목이 되는 일은 극히 드물지만, 가제는 진짜 제목이 정해지기 전까지 출판사 내부 모든 구성원들에게 불리게 되는 이름인 셈입니다.

자식 이름 함부로 짓는 사람 보셨나요? 간혹 책을 출간할 때 아이를 출산을 하는 것과 같은 마음이라고 말하는 분들이 있는데(대부분 출산 경험이 없는 사람들의 말입니다. 진짜 출산해보니 비교할 바가 아니었습니다!), 그렇다면 이렇게 생각해보면 어떤가요?

가제는 태명! 곧 진짜 이름이 생기겠지만 배 속에서 무럭무럭 건

강히 잘 자라길 바라는 마음을 담아 짓는 이름.

　원고를 투고하는 분들 역시 아무렇게나 제목을 붙인 건 아니겠지만, 누가 봐도 평이함이 느껴지는 제목은 원고를 읽기 전부터 호감도를 떨어뜨립니다. 매력적인 가제를 보고 호기심이 폭발하여 기획안을 비롯한 샘플원고를 세세하게 읽어보는 일은 저에게도 종종 일어나는 일입니다.

　'북에디터는 내 원고의 첫 번째 독자'라고 생각해주세요. 여러분 책이 어떤 제목으로 독자를 만났으면 하는지 그 바람을 가제로 구현하면 됩니다. 다시 한 번 강조하자면 가제가 그대로 제목이 되는 일은 흔하지 않습니다.

　부제는 있어도 되고 없어도 되는 존재이긴 하지만, 여러분이 지은 가제를 좀 더 부연해주고 싶다면 쓰세요. 여러분이 보고 있는 이 책의 가제와 부제는 이러했습니다.

　그리고 이제 이 책의 표지를 한번 살펴보세요. 가제와 부제가 어떻게 바뀌었나요?

기획안의 자기소개를 이렇게 쓴 사람도 있었습니다.

스무 살, 청춘

너무 과장된 예시라고요? 아닙니다. 실제 사례입니다. 물론 이렇게 자기소개가 와도 원고 콘셉트와 내용이 너무 좋은 경우에는 연락을 하게 되겠지만, 에디터는 이 저자에게 프로필 등을 다시 요청하게 됩니다. 제대로 된 이력사항을 알지 못한 채 상사나 대표를 설득하기는 어려우니까요.

(대표) "저자는 어떤 사람인가?"

(담당 에디터) "청춘이랍니다."

여러분이 쓰는 기획안 속 자기소개는 나중에 책에 그대로 들어가지 않습니다. 책날개나 온라인 서점 서지정보에 들어갈 자기소개는 마지막에 다시 작성하게 됩니다. 이 말인즉슨 기획안에서 여러분을 좀 더 멋있게 은유적으로 소개할 필요는 없다는 겁니다. 에디터가 여러분에 대해 판단할 수 있게 정확한 이력을 알려주는 게 좋습니다. 그 내용이 구체적이면 구체적일수록 더 판단에 도움이 되어 유리합니다.

자신의 커리어와 관련된 원고라면 그 분야 쪽으로 관련된 이력을 나열하면 좋습니다. 대학이나 대학원에서 받은 학위랄지, 관련 학회 활동이랄지, 방송 출연이나 인터뷰 자료 등은 관련 링크까지 함께 알려준다면 에디터 입장에서는 더욱 좋습니다.

블로그를 하는 분들 중에는 자신의 블로그에 하고 있는 모든 활동들이 담겨 있다는 생각에 블로그 주소만 달랑 남기는 경우가 있습니다. 하지만 블로그를 방문하여 여러분이 남긴 수많은 포스팅을 읽고 정보를 취합할 정도로 한가한 에디터는 거의 없습니다.

다음과 같은 형식으로 정보를 써주면 베스트 오브 베스트 기획안 속 자기소개가 될 것입니다.

이름

가끔 온라인 필명이나 가명을 쓰는 분들도 있는데, 실제로 책은 필명으로 나오더라도 계약을 해야 하는 출판사에는 실명을 알려주어야 합니다.

나이

주민번호를 다 적는 분들이 있는데 그렇게까지 하지 않아도 됩니다. 몇 년생인지 정도만으로도 충분합니다.

학력

기업에 입사를 하기 위해서 쓰는 것이 아니기 때문에 어떤 초등학교를 다녔는지부터 쓸 필요는 없습니다. 대학의 전공 역시 본인의 판단 아래 쓰거나 쓰지 않거나 하면 됩니다.

예를 들어 여행 에세이라면 굳이 저자의 대학 학위가 중요하지 않지요. 그러나 전문 분야의 책이라면 얘기가 달라집니다. 다시 말해 책마다 다르니 여러분이 판단하면 됩니다.

플로리스트가 알려주는 플라워 레슨 실용서인데, 이 저자가 경영학과를 나온 것은 저자의 신뢰도에 영향을 끼치지 않겠지만 프랑스의 유명 플라워 코스를 밟았다면 분명 쓰는 게 좋겠지요.

활동

방송이나 언론에 조명된 적이 있다면 링크와 함께 알려주는 게 좋습니다. 인터뷰 자료도 좋고요. 이미 강의를 하는 중이라면 강좌의 이름을 비롯해 몇 명 규모인지도 적습니다. 한두 차례 특강식으로 강의했더라도 자기소개에 추가하는 게 좋습니다. 어떤 주제로 특화된 분인지 에디터가 가늠할 수 있으니까요. 커뮤니티를 만들어 활동하는 분들도 그 모임의 인원과 활동 내용 등을 간략하게 써주면 좋습니다.

예를 들어 '책 읽기가 인생을 바꿨다'는 이야기이고, 실제 본인이 도서관 독서모임을 주최하여 기수를 늘려가고 있다면 원고를 판단하는 데 긍정적인 영향을 끼치겠지요.

SNS 정보

본인이 운영하고 있는 SNS 채널이 있다면 정확한 명칭과 그 링크를 함께 적으세요. 원고와 관련된 콘텐츠를 나누는 채널이면 금상첨화겠지만 그렇지 않더라도 본인에게 어느 정도 영향력이 있다는 생각이 든다면 계정을 공유해주는 게 판단에 도움이 됩니다.

블로그를 운영하고 있다면 블로그 방문자 수가 평균 몇 명인지, 어떤 키워드로 들어오는지, 사람들의 반응은 어떠한지 인사이트 내용도 함께 써준다면 더욱 좋습니다.

의도가 있는 일

저마다 책을 쓰게 된 의도가 있을 겁니다. 어느 출판사 대표는 책의 콘셉트나 저자를 떠나 에디터가 왜 이 책을 기획했는지 그 의도를 더 중요하게 생각하기도 합니다. 없어도 될 조항처럼 보이지만 여러분이 이 책을 기획하게 된, 쓰게 된 의도를 명확히 정리해보세요.

저는 이런 생각 때문에 이 책을 쓰기 시작했습니다. '하루에도 수십 통 투고메일이 오는데, 정작 책으로 낼 만한 원고는 없다! 그런데 이렇게 코칭을 해주고 돈을 받아? 이건 분명 잘못됐어.' 여러분에게도 분명 이러한 집필 의도가 있을 겁니다.

거창할 필요 없는 콘셉트

앞에서 설명했듯이 책이 가진 콘셉트를 쓰면 됩니다. 단 한 줄이어도 될 뿐만 아니라, 단 한 줄이면 더 좋습니다.

분야를 초월한 책들

자신의 책이 인문서이자 자기계발서라고 소개하는 분들이 있습니다. 어찌 보면 인문서, 어찌 보면 자기계발서일 수 있습니다. 하지만 우리가 아무리 인문서이자 자기계발서로 포지셔닝하여 출간해도 정작 책이 팔려야 하는 서점에는 구역이 명확히 나뉘어 있습니다. 인문 매대, 자기계발 매대, 요리책 매대, 여행서 매대 등 오프라인 서점뿐만 아니라 온라인 서점에서도 카테고리에 따라 분야가 나뉩니다.

여러분이 아무리 이런 책도 되고 저런 책도 된다고 주장하더라도, 실제 책은 ISBN 번호 및 부가기호에 따라 분류됩니다. ISBN은 우리나라뿐만 아니라 전 세계에서 생산되는 각종 도서에 부여하는 고유한 식별기호International Standard Book Number이기 때문에 책이라면 반드시 이 번호를 달고 있어야 합니다.

979-11-88674-24-4 03190

위 번호는 여러분이 읽고 있는 이 책의 ISBN 번호입니다. 대체로 판권 페이지와 책 가격이 적혀 있는 뒤표지, 바코드 아래에 이 번호가 적혀 있습니다.

앞에 나열된 열세 자리 숫자가 국가 및 출판사를 나타내는 고유 번호입니다. 그리고 번호 옆에 붙어 있는 맨 오른쪽 다섯 자리 숫자가 바로 'ISBN 부가기호'입니다. 그 부가기호가 여러분 책의 분야를 나타냅니다.

결국 ISBN 열세 자리+부가기호 다섯 자리 숫자가 없으면 책 바코드가 생성되지 않고, 바코드가 생성되지 않으면 책값을 찍을 수가 없고, 바코드가 없는 책은 결국 팔릴 수도 없습니다. 이토록 중요한 부가기호는 바로 분야를 설명하는 숫자입니다.

다섯 자리 중 첫 번째 숫자는 '독자대상'을 뜻합니다. 0은 교양, 1은 실용, 2는 여성, 4는 청소년, 5는 학습참고서1(중고교용), 6은 학습참고서2(초등학생용), 7은 아동, 9는 전문입니다. 이 책의 경우 0으로 설정되어 있으니 '교양'에 해당되겠지요.

두 번째 숫자의 0은 문고본, 1은 사전, 2는 신서판, 3은 단행본 등 각 숫자별로 '발행형태'를 나타냅니다.

세 번째 숫자와 네 번째 숫자가 바로 '내용분류' 즉, 분야를 나타냅니다. 그리고 마지막 숫자는 무조건 0으로 채웁니다. 관련 내용은 국립중앙도서관 서지정보유통지원시스템^{http://seoji.nl.go.kr}에 자세히 나와 있으니 궁금하면 찾아봐도 좋습니다.

무엇보다 여러분이 알아야 할 것은 ISBN 번호가 어떻게 생성되는지 그 원리가 아니라 어떤 책이든 결국에는 ISBN 번호로 분류가되니 이 분야, 저 분야 넘나들듯 모호하게 쓰면 안 된다는 점입니다.

만약 기획안에서 분야 항목을 채울 때 어떤 분야인지(예를 들어 인문으로 해야 할지, 자기계발로 해야 할지) 스스로 헷갈린다면 이런 식으로 쓰세요.

분야 〉 인문 혹은 자기계발
(추후 출판사와 의논하여 더 나은 방향으로 설정 가능)

읽을 사람과 살 사람

일반적으로 책을 사서 보는 사람을 '독자' 혹은 '타깃'이라고 부르지요? 하지만 에디터들은 이를 구분해서 생각합니다. 타깃은 책을 사는 사람, 독자는 책을 읽는 사람! 좀 더 쉽게 설명해볼까요?

만약 《아내에게 잘하는 101가지 방법》이라는 책이 있다면 이 책의 타깃이 남편이라고 할 수 있을까요? 아마도 아내가 사서 남편에게 선물하는 책이 될 겁니다. 구분해보자면 타깃이 아내, 독자는 남편이 되겠지요. 그러므로 여러분이 쓰는 책도 타깃과 독자를 구분해서 생각해봐야 합니다. 누가 살 책인지, 누가 읽을 책인지. 실제로는 타깃과 독자가 동일한 경우가 더 많지만 세밀하게 다른 경우도 있습니다. 특히 청소년 대상으로 하는 책들이 그렇습니다. 독자는 청소년이지만 타깃은 부모가 되는 식이지요.

타깃과 독자가 어느 정도 결정이 되면 그 집단을 좀 더 세분화해서 나눠보세요. 즉, 타깃은 '핵심타깃'과 '서브타깃'으로, 독자 역시 '핵심독자'와 '서브독자'로.
단순히 타깃을 '남성' '직장인' '엄마'라고 잡을 게 아니라 좀 더 세분화해서 쓰는 거죠.

이렇게 타깃이 정리가 되면 이들이 주로 어디를 가고, 무엇을 좋아하며, 어떤 매체를 이용하는지 어렴풋이 알게 될 겁니다. 그뿐만

아니라 타깃의 규모가 대략 어느 정도인지도 알게 되겠지요. 그러면 자연스럽게 판매 사이즈도 가늠해볼 수 있습니다.

유사한 도서 찾기

두루뭉술하게 유사도서라고 했지만 이 역시 '유사도서'와 '경쟁도서'로 구분하여 적는 게 좋습니다. 유사도서는 말 그대로 내용과 콘셉트가 유사한 도서라고 이해하면 되고, 경쟁도서는 이 책이 나왔을 때 어떤 도서와 경쟁하게 될지 유사한 도서 중 성공한 책 위주로 정리하면 됩니다.

유사도서를 쓸 때에는 내용이 비슷하다는 이유만으로 유사하다고 판단하지 말고, 다음과 같이 구분해서 정리하면 더욱 시장이 한눈에 들어옵니다.

유사도서를 정리하는 건 궁극적으로 유사도서에 비해 우리 책은 어떤 장점을 가졌는지(혹은 가져야 하는지) 생각해볼 수 있어서입니다. 그러니 꼭 앞에서 말한 대로 구분하여 정리해보길 바랍니다.

마케팅할 때 가장 많이 사용하는 방법 중 하나인 SWOT에 대해 한 번쯤 들어보았을 겁니다. S^{Strength} 강점, W^{Weakness} 약점, O^{Opportunity} 기회, T^{Threat} 위협의 4요소. 이 방법을 본인의 책에도 적용해보세요.

강점 (Strength)	약점 (Weakness)
기회 (Opportunity)	위협 (Threat)

제가 쓴 책의 경우 SWOT을 이렇게 분석할 수 있었습니다.

• 저자가 (꽤 실력 있는!) 출판사 에디터라는 사실 • 유사도서 저자와 차별성이 있음 • 전문성을 어필할 수 있음 • 실제 출판 현장의 이야기를 담고 있는 것(원고의 고퀄리티)	• 유사도서가 너무 많음 • 저자의 개인적 유명세 및 인지도가 약함
Strength	**Weakness**
Opportunity	**Threat**
• 저자의 책쓰기 강연이 생길 가능성 (소소하더라도 책이 덩달아 팔릴 기회) • 저자의 SNS 활동, 셀럽 지인들에게 홍보 적극 도움 요청	• 글쓰기 시장에 비해 책쓰기 시장은 확실히 크지 않음

이처럼 SWOT 분석을 하면 나름의 가이드가 생깁니다. 강점은 더욱 드러나게 하면서 약점은 보완하고, 기회는 살리면서 위협요소는 피하는 형태로 말이죠.

제가 한번 팔아보겠습니다

마케팅 전략으로 어마어마한 공약을 거는 분들이 있습니다. 모든 대학 도서관에 이 책을 비치할 거라는 둥, 국방부 도서 목록에 이 책을 포함시키겠다는 둥.

원대한 꿈을 가지고 있는 건 매우 칭찬할 만하지만 현실 가능성이 있는 마케팅 위주로 쓰는 게 좋습니다. 이 책이 어떤 전략으로 판매될 수 있을지, 저자로서 어떤 활동을 해줄 수 있는지 구체적으로 쓰세요. 나름의 마케팅 홍보 아이디어를 적어도 좋습니다(마케팅 이야기는 7장에서 좀 더 나눌게요).

책 나와라 뚝딱!

출판사에 원고만 던지면 '뚝딱' 하고 책이 나온다고 생각하는 분이 많습니다. 그래서 투고원고를 받은 뒤 미팅을 할 때 늘 "그럼 책은 언제 나오나요?"라는 질문을 받곤 합니다(이 또한 6장 출판 프로세스에서 자세히 설명합니다).

아주 완벽한 형태의 원고일 때 최소 한 달 반 이상이 걸립니다. 그런데 여기에는 단서가 붙습니다. '그 출판사 담당 에디터가 손이 빈 채로 있을 때'라는! 만약 출간 일정이 연속적으로 잡혀 있다면 일정은 그 이후로 잡히기도 합니다. 또한 출판사는 출간에 적절한 시기가 있다면 그때에 맞춰 책을 론칭하려고 합니다.

저자가 기획안에 쓰는 희망 출간시기는 그럼 무의미한가 궁금할 테지요. 아닙니다. 여러분이 기획안에 써야 할 '일정'은 원고를 언제 마무리할 수 있는지, 그리고 책 출간을 희망하는 시기 정도로 충분합니다.

"가을부터 책 내용과 관련된 팟캐스트를 할 건데, 시기를 맞춰서 출간하면 좋을 것 같음."이라든지, 책과 유사성이 있는 일정을 고려해서 알려주면 됩니다. 가끔 이런 분도 있습니다.

"올해 토정비결을 봤는데, 가을에 대박이 난다고 했어요. 가을에 꼭 책 내야 해요."

이런 이야기를 들으면 그 어떤 이유보다 에디터의 마음이 흔들리겠지요?(하하)

부족한 건 못 참아

자신이 쓴 원고가 전체 몇 페이지가 되는지 쓰셔야 합니다. 'A4

○○장' 이런 형태도 좋고, '200자 원고지 ○○○매' 형태도 괜찮습니다.

간혹 저에게 한 권의 책을 쓰려면 분량이 얼마나 있어야 하는지 묻는 분들이 있습니다. 책마다 다르고, 들어가는 요소에 따라 차이가 있습니다. 자료 사진이나 도표가 많은 책이라면 텍스트는 조금 적어도 괜찮습니다. 즉 일반적인 텍스트북과 사진과 그림으로 이루어진 책은 분량 계산 자체가 다릅니다.

신국판 사이즈의 텍스트로만 이루어진 책으로 예를 들어 보겠습니다.

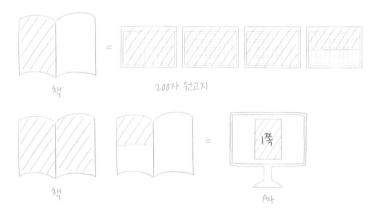

책 1쪽은 200자 원고지 3.5매 정도 나옵니다. 이 말은 신국판으로 된 책 200쪽 정도가 나오려면 200자 원고지 700매 정도는 써야

한다는 말이지요. 또 텍스트로 꽉 채운 A4 1장은 신국판 책으로 디자인되어 나왔을 때 2.5쪽 정도가 됩니다. 이 말은 신국판 책 200쪽 정도가 되려면 A4로 80장은 써야 한다는 말입니다. 보통 책은 250~300쪽 사이이니, 여러분이 써야 할 분량이 계산될 것입니다.

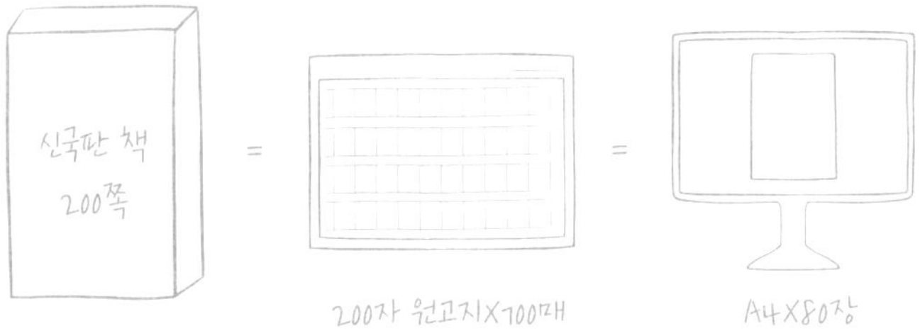

왜 이렇게 많이(?) 써야 하나, 분량이 좀 적은 책을 쓰면 안 되는 건가 의문이 드는 분들에게 《책 잘 읽는 방법》(북스톤) 책 속 김봉진 대표의 이야기를 대신 전합니다.

"적절한 분량이란 것이 참 애매하지만 다른 분야로 생각해보세요. 음악 CD가 나오려면 7~8곡 이상이 담겨야 하고, 한 편의 영화가 나오려면 못해도 100분 정도는 되어야 해요."

그동안 제가 왜 책 분량에 대해 이토록 쉽게 설명하지 못했나 자괴감이 들 정도로 명쾌한 답이었습니다. 참고로 분량이 많은 건 에디터 선에서 덜어낼 수 있으니 괜찮지만, 분량이 턱없이 부족한 건 분명 문제가 되니 원고량을 적절히 체크해보아야 합니다.

탄탄한 목차가 튼튼한 산이 된다

앞에서 목차를 구성하는 방법에 대해 상세히 다뤘으니 참고하여 목차를 짜도록 합니다. 에디터들이 원고를 모두 읽어보지는 않더라도 목차는 반드시 읽어봅니다. 전체적으로 어떤 내용을 담고 있는지 가늠해보는 거죠. 따라서 탄탄하고도 매력적인 목차를 기획안에 첨부해야 합니다.

샘플 같지 않은 샘플

미리 작성해둔 샘플원고를 기획안과 함께 보내세요. 말은 샘플이지만 너무 러프한 상태의 원고를 보내는 것은 지양해야 합니다. 에디터들이 샘플원고를 읽는데, 글의 퀄리티가 너무 떨어지면 아무리 좋은 콘셉트라도 그것을 끝까지 완성해낼 필력이 이 저자에게는 없다고 판단합니다. 따라서 샘플이지만 나름 잘 쓴 부분, 자신 있게 쓴 부분을 보내는 게 좋습니다.

혹은 원고 전체를 보내도 괜찮습니다. 내 원고가 어딘가에 유출될까 걱정하는 분들도 있던데, 그럴 일은 절대 없습니다. 출판사에서 일하는 에디터들은 그런 잡생각을 할 시간이 없을 정도로 바쁘니까요.

🔖 유사도서를 찾아보자

내 책과 타깃이 같은 책들

_____

_____

_____

_____

나와 같은 직업을 가진 저자가 쓴 책들

_____

_____

_____

_____

내 원고와 내용이 유사한 책들

_____

_____

_____

_____

■ 내 원고의 SWOT 분석을 해보자

S(Strength) 강점

W(Weakness) 약점

O(Opportunity) 기회

T(Threat) 위협

Chapter 4

글쓰기부터 공부하면 될까요?

글쓰기와 책쓰기는 달라요

드라마에 나오는 배우들은 기본적으로 연기를 잘해야 합니다. 그런데 TV로 방영되는 프로그램이 드라마만 있는 건 아닙니다. 뉴스도 있고 다큐멘터리도 있지요. 버라이어티쇼도 있고 관찰 예능도 있습니다. "이러한 방송에 나오는 데에도 연기가 필요한가요?"라고 묻는다면 여러분은 어떤 답을 하시겠습니까?

이 이야기를 꺼낸 건 책도 다양하게 존재한다는 사실을 말해주고 싶어서입니다. 글솜씨가 절대적으로 필요한 시나 소설, 에세이 등의 문학 분야를 제외한 다른 분야의 책은 화려한 글솜씨가 '반드시' 필요한 건 아닙니다. 일단 책에서 하고 싶은 이야기가 명확하고 한 권으로 풀 정도로 콘텐츠만 탄탄하다면 문장이 조금 매끄럽지 않은 건 출판사 에디터의 도움을 받을 수 있습니다.

오해하면 안 되는 부분은 '어느 정도 출판사의 도움을 받는다'는 것이지 에디터가 써준다거나 처음부터 끝까지 문장을 다듬어야 할 수준이면 매우 곤란하다는 점입니다. 다시 "책을 쓰려면 글을 잘 써야 하나요?"라고 묻는다면 저는 이렇게 말하겠습니다.

"잘 쓰면 좋지요."

특히나 출판사가 결정된 상황이 아니라면 투고를 해야 할 테지요. 만약 여러분이 쓴 원고가 형편없다면 출판사는 아무리 매력적인 콘텐츠가 담겼더라도 이 원고를 해야 할지 말아야 할지 긴 시간 고민할 것입니다.

산을 생각하면서 나무 그리기

앞에서도 언급한 적이 있지만 책쓰기는 산을 생각하면서 나무를 그리는 것과 같습니다. 나무 한 그루 한 그루가 울창하게 이어져야 합니다. 그러기 위해서는 여러분이 처음부터 기준을 잘 잡고 흔들리지 않아야 합니다. 무슨 이야기를 할지 목차가 명확해야 하고, 그에 따라 원고를 집필해야 하는 거죠.

무엇보다 '어떤 산'을 그리겠다는 뚜렷한 '목표'가 필요합니다. 그걸 계속 염두에 둬야 나무가 한 그루씩 따로 노는 일이 없습니다. 만약 여러분이 흰 눈으로 뒤덮인 '겨울 산'을 그려야 한다고 생각해 봅시다. 머릿속에 '겨울 산' '내가 지금 그려야 하는 건 겨울 산!'을 되뇌고 있어야 초록나무로 산 전체를 채우지 않을 것입니다.

책 전반에 흐르는 이야기는 하나의 '키워드'로 드러내면서 원고를 집필하는 동안 계속 노출시키는 게 좋습니다.

외서라서 결이 다른 사례처럼 느낄 수 있겠지만 《센서티브》(다산 3.0)의 경우를 살펴볼까요? 《센서티브》는 민감한 사람들을 위한 심리학책입니다. 책 전반에 '민감'이라는 키워드를 사용하고 있습니다. 하지만 우리나라에서는 센서티브^{sensitive}가 '예민하다' 혹은 '섬세하다'라고도 해석됩니다. 그럼에도 불구하고 번역자 및 출판사가 '센서티브'라는 단어를 '민감'이라는 키워드로만 밀고 나간 것이지요.

다시 말해 어떤 문장에서는 '민감'이라는 단어를 쓰고, 어떤 문장에서는 '예민'이라는 단어를 쓰고, 어떤 문장에서는 '섬세'라는 단어를 쓰지 않았다는 겁니다. 일관되게 '민감'이라는 키워드를 끌고 나가면서 남들보다 민감한 사람은 더 많은 것을 보고 듣고 느끼며, 이런 사람이야말로 풍부한 내면을 가지고 있다고 주장하지요. 민감함은 결함이 아니라 신이 주신 최고의 감각이라고요.

한 권의 책을 관통하는 키워드가 A라고 했을 때 '기-승-전-A'의 구조도 당연히 잘못된 건 아닙니다. 하지만 책에서는 'a1-a2-a3-A' 구조가 좀 더 독자들의 머릿속에 A라는 키워드를 각인시킬 수 있습니다.

　일관된 주장을 하라는 말은 앞서 말한 일관된 키워드로 끌고 나가라는 것과 어찌 보면 유사합니다. 책을 쓸 때에는 일관된 주장을 해야 합니다. 예를 들어 '걷기 다이어트' 책이라면 '걷는 행위'가 '다이어트'에 얼마나 지대한 영향을 끼치는지 일관된 주장을 펼쳐야 합니다.

　다이어트 이야기를 다룬다고 해서 '식습관'이나 '근력운동'도 중요하다며 부각시키면 독자들은 이렇게 느낄 수도 있습니다.

　'걷기 다이어트 책이라 해놓고 온통 식습관이랑 근력운동 이야기뿐이네?'

　'미니멀리즘'에 관한 책에서 저자가 가장 중점적으로 주장하는 바가 '필요없는 물건 버리기'라고 한다면 이 주장을 일관되게 해야 합니다. '사지 않기' '정리하기' 역시 미니멀리즘을 위한 중요한 포인트라고 하더라도 '필요없는 물건 버리기' 이상으로 강조하면 안 된다는 말이지요.

　물론 이렇게 일관된 주장이 들어가지 않는 책도 있습니다. 여러분이 읽고 있는 이 책 역시 그러하지요. 이 책은 '정보 전달'이 목적입니다. 하지만 이 책에도 나름의 일관성이 있습니다.

눈치채지 못했을 수 있지만 저는 여러분에게 '출판사 및 에디터의 입장'을 일관되게 알려주고 있습니다. 비록 정보 중심의 책이라 할지라도 전체적으로 흐르는 일관된 주장이 있어야 합니다.

내용이 균일해야 한다

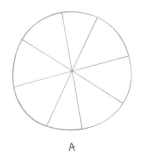
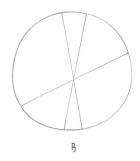

A   B

A의 피자와 B의 피자가 있습니다. 여러분에게 안정감을 주는 피자는 어떤 것입니까? 물론 B라고 한들 맛이 다른 건 아니에요. 그럼에도 우리는 보기 좋게, 먹기 좋도록 균일하게 피자를 자르곤 하지요.

우리가 깨끗하게 정리된 집에서 '깔끔함'이나 '단정함'을 느끼는 것처럼 책 역시 균일한 형태의 목차 구성이 아니면 복잡한 책처럼, 혹은 편집이 안 된 책처럼 느낄 수 있습니다. (에디터가 분명 조정은 하지만) 내용의 분량을 균등하게 잘 배분하여 집필하는 것도 저자가 해야 할 일입니다. 어느 한 부분이 부족하지는 않은지, 넘치지는 않는지 조절하는 것이죠.

A   B

하나의 개념을 누군가가 A구조, B구조로 설명할 때 여러분은 어느 쪽이 더 이해하기 쉬울까요? 실제 독자들이 이런 구조든 저런 구조든, 구조에 휘둘려 내용을 판단하지는 않을 겁니다. 다만 은연중에 이야기의 잔상이 남고 정리되어 독자의 머릿속에 차곡차곡 쌓이게 됩니다. 그래서 균일한 구조와 비슷한 텍스트의 분량을 가지는 것이 책에 대해 좀 더 명확한 인상을 남깁니다.

결국 출판사의 도움을 받게 된다

"맞춤법이나 띄어쓰기를 잘 모르겠어요."

원고를 쓰다 말고 어떤 저자분들은 이런 고통을 털어놓곤 합니다. 문장에서 하고 싶은 말만 명확하다면 맞춤법이 틀리거나 띄어쓰기가 엉망인 건 전혀 문제가 되지 않습니다. 출판사의 에디터가 매만져줄 테니까요.

그럼에도 불구하고 '공황가는 길'이랄지, '외 않되?' '도데체' 등으로 쓴 문장을 보다 보면 의문스럽습니다. 단순 실수인 경우도 물론 많습니다. 그런데 반복적으로 기본(?)에 가까운 맞춤법을 틀리는 걸 보면 에디터도 인간인지라 이런 생각을 합니다.

'어떻게 이 정도도 모를 수 있지?'

완벽할 필요는 없지만 에디터에게 부끄럽지 않을 정도의 맞춤법은 갖추는 게 덜 민망하지 않을까 싶습니다. (헷갈릴 것도 없이 잘못 알고 있는 경우는 그렇다 쳐도) 글을 쓰다가 헷갈리면 검색을 해보세요. 요즘에는 포털사이트에 단어만 검색해도 잘못된 것인지 아닌지 바로 나오니까요. 맞춤법에 있어서는 그 정도 수고만 해주어도 훌륭합니다.

거친 원고를 매만지고 편집하고 수정하는 일은 출판사 에디터의 주 업무이기도 합니다. 그러므로 원고를 쓰는 동안에는 맞춤법과 띄어쓰기로 스트레스를 받지 않아도 됩니다. 여러분은 원고에 담긴 콘텐츠가 빈약하지 않게 글을 쓰는 데 온 힘을 쏟길 바랍니다. 빈약한 콘텐츠를 에디터가 메꿔줄 수는 없으니까요.

어떤 글이 좋은 글인가

책쓰기 관련 책만큼이나 시중에 많이 나와 있는 책이 글쓰기 책입니다. 사람들은 글을 '잘' 쓰는 데 관심이 많지요. 저는 글쓰기야말로 감성이나 느낌의 문제라기보다 구조나 기술의 문제라고 생각합니다. 그러니까 기술을 익히면 누구나 글을 잘 쓸 수 있게 된다는 뜻입니다. 거기에다 남들과는 다른 감성과 느낌까지 얹으면 더욱 멋진 글이 탄생하게 되겠지요.

흐르는 강물처럼 기승전결

앞에서 '기승전결'보다 'a1-a2-a3-A'로 쓰라고 해놓고 왜 기승전결을 논하는지 궁금한 분들에게 좀 더 명확히 설명해드릴게요.

한 권의 책으로 보았을 때에는 'a1-a2-a3-A' 이런 구조여야 하지만 그 속에 있는 각각의 단락 a1, a2, a3에는 '기승전결'이 있어야 합니다. 그리고 그 안에 속해 있는 수많은 단락에도 기승전결에 따른 주장이나 이야기가 있어야 하지요. 즉 한 챕터를 읽었을 때 이 내용이 뭘 말하는지 헷갈리거나 뚜렷하게 떠오르지 않으면 안 된다는 의미입니다.

반드시 '결'이 뒤에 올 필요는 없지만 이 단락에서 '결'이 무엇인지는 명확하게 드러나야 합니다. 그런 글을 쓰기 위해서는 일단 단락을 대변할 단어를 메모식으로 나열한 뒤 글을 쓰는 게 유리합니다.

이 책을 예로 들자면 이런 식이죠.

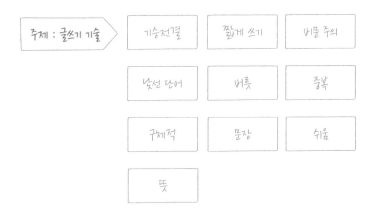

이렇게 한 단락을 무슨 내용으로 채울지 한마디로 정리해두면 전혀 다른 이야기로 샐 일이 없습니다. 그러므로 목차를 구성할 때, 그럴싸한 목차 문장을 만드느라 긴 시간 끙끙 앓지 말고, 그 단락을 어떤 이야기로 채울지 한 단어로 정리하세요. 그걸 토대로 써 내려가면 더욱 속도를 내서 작업할 수 있습니다.

주제 : 글쓰기 기술	어떤 글이 좋은 글인가
기승전결	흐르는 강물처럼 기승전결
짧게 쓰기	문장은 짧고 굵게!
비문 주의	눈치챘는가? 비문
낯선 단어	낯선 단어는 시선을 머물게 한다
버릇	여든까지 가버린 세 살 버릇
중복	중복아, 너 지겨워
구체적	모호한 표현을 의도적으로 피해보자
문장	한 문장은 한 가지 이야기로 끝내!
쉬움	쉬운 게 뭐가 어때서
뜻	뜻을 정확히 알고 쓰자

일단 작성한 문장이 더 짧아질 수는 없는가 고민하기 바랍니다. 후루룩 쓴 다음에 다시 한 번 문장을 읽어봅니다. 그때 앞뒤 문장의 연결성도 중요하겠지만, 이것이 최선의 '길이'인가를 생각해보세요.

어떤 문장이든 (본문으로 글을 앉혔을 때) 세 줄이 넘지 않도록 의도적으로 조정하세요. (지금 혹시 이 책에서 세 줄 넘어가는 문장 찾으려고 한 건 아니겠지요?) 아무리 유려한 문장이라도, 아무리 집중력 좋은 독자라도, 읽어야 할 문장이 너무 길면 중간에 딴생각이 끼어듭니다.

> 아무리 유려한 문장이라도, 아무리 집중력 좋은 독자라도 읽어야 할 문장이 너무 길면 중간에 딴생각이 끼어듭니다.

위 문장은 최선의 길이일까요? '아무리'라는 단어가 중복되어 있으니 "아무리 유려한 문장이라도, 집중력 좋은 독자라도…"라고 줄일 수 있겠지요. 더 줄여볼까요? 어차피 '독자'가 '읽는 사람'을 뜻하는 말이니 '읽어야 할 문장'을 단순히 '문장' 정도로 표현해도 괜찮겠지요?

이런 식으로 줄여나가세요. 더 이상 어떤 말도 빼기 어려울 때까지 빼고, 해야 할 말들만 간결하게 넣도록 합니다. 문장이 짧다고 해서 다 훌륭하진 않지만, 짧은 문장치고 비문인 경우는 잘 없습니다. 문장이 짧으면 비문인지 아닌지 알아차리기 쉬우니까요.

눈치챘는가? 비문

비문非文은 말 그대로 문장이 아닌 것, 즉 문법이 잘못된 문장을 말합니다. 읽다 보면 뭔가 이상한 낌새가 느껴지는 거죠. 그런데 '이상하다고 느끼는 것'은 읽는 사람마다 다르기 때문에 비문을 비문이라고 알아차리는 감각이 중요합니다.

문장을 읽었더니 조금 이상한 느낌이 드는데, 이것이 비문인지 아닌지 헷갈린다면 어떻게 하면 좋을까요?

비문을 좀 더 쉽게 알아차리는 방법이 있습니다. 가장 간단한 방법은 '주술호응'이 되는지 살펴보는 것입니다. 주술호응이라는 것은 '주어와 서술어가 잘 맞나?'인데, 의외로 방법은 쉽습니다. 주어와 서술어를 이어서 읽었을 때 어울리는지 생각해보면 됩니다.

> 하루아침에 눈에 확 띄는 발전보다는 눈에 띄지 않는 이러한 발전이 강을 이루고 바다를 이루게 되었다는 것을 어느 날 아침 눈을 떠보고 갑자기 발견하는 경우가 많기 때문입니다.

실제로 받았던 초고 문장의 일부입니다. 이 문장을 읽고 '엇? 뭔가 이상한데?' 느끼셨나요? 비문은 이렇게 미묘하고 어렴풋하게 다가옵니다. 이 문장에서 주어는 무엇인가요? 또 서술어는 무엇인가요?

여러분이 쓴 글이 뭔가 이상하게 느껴지거나 풀리지 않을 때에는 주어와 서술어만 떼서 읽어보세요. 이 문장이 말이 되나, 안 되나!

글을 읽을 때 비문만 없어도 문장이 술술 잘 읽히고 잘 쓴 글처럼 느껴집니다. 그러므로 비문을 쓰지 않도록 노력하고, 그 노력 중 하나로 문장을 짧게 쓰는 연습을 하세요.

낯선 단어는 시선을 머물게 한다

익숙한 단어로만 이루어진 글은 어디선가 읽어본 듯한 인상을 남깁니다. 모든 문장이 그럴 필요는 없지만, 여러분이 어떤 문장을 작성했을 때 의도적으로 낯선 단어를 배치해보세요.

낯선 단어를 알아야 배치하지 않느냐고요? 네, 맞습니다. '낯선 단어를 잘 활용한다'는 말은 '어휘력이 뛰어나다'는 말과 일맥상통합니다.

에디터들이 저자의 원고를 뜯어고칠 때 가장 고심하는 것이 이런 부분이기도 합니다. 좀 더 세련된, 훌륭한, 매력적인 단어로 교정교열을 하고 싶은데 잘 생각나지 않는 거죠. 그래서 한 문장을 두고 몇십 분씩 고민하기도 합니다. (저만 그런가요?) 머리카락을 양

손으로 쥐어뜯으면서 이런 자책도 하지요.

"난 어휘력이 떨어지나 봐!"

남궁인 작가의 《지독한 하루》(문학동네) 책 속에 이런 문장이 있습니다.

"나는 모든 의학으로 밝혀낼 수 있는 죽음으로부터 사위어가는 생명을 끝까지 살려야 할 의무가 있다."

이 문장에서 저는 어떠한 울림을 느꼈습니다. 바로 '사위어가다'라는 단어 때문이었어요. 낯선 단어가 자칫 평범할 수 있었던 이 문장을 펄떡이게 만든 것입니다.

여러분도 좀 더 생명력 넘치는 글쓰기를 하고 싶다면 의도적으로 낯선 단어를 사용해보세요. 평범한 문장이 단어 하나로 특별해지는 신비를 경험할 수 있을 겁니다.

여든까지 가버린 세 살 버릇

A: 좋은 마음으로 입양하거나 구조하는 경우에도 이런 과정을 제대로 거치지 못한 경우 드물게 법적인 다툼에 휘말리는 경우가 있습니다.

B: 한국의 경우 출산 후 바로 집으로 들어오는 경우보다는 조리원 등에서 얼마간 머물다가 오는 경우가 많은데, 이런 경우 아기와 관련된 물건, 아기 냄새가 배어 있는 물건들을 천천히 집으로 가져와서 고양이에게 소개해주는 것이 좋습니다.

일부러 만든 문장이 아니라 실제 작업한 교정지 속에서 발견한 문장입니다. 이 문장을 읽으면서 여러분은 어떤 생각을 했나요? 저는 저자분이 '경우'라는 말을 버릇처럼 쓰는구나 하는 생각을 했습니다.

에디터들은 원고를 교정할 때 그 저자가 가지고 있는 글쓰기 버릇을 단박에 알아차립니다. 어떤 단어를 자주 쓰는지, 어떤 표현을 주로 하는지.

세 살 버릇이 여든까지 가듯이 한번 시작된 글쓰기 버릇이 한 권을 채웁니다. 안 좋은 버릇은 알아차리고 고쳐야 해요. 하지만 초조할 때 다리를 떤다거나 생각에 잠길 때 눈을 깜박인다거나 하는 무의식중에 하는 행동은 스스로 알아차리기가 쉽지 않지요. 글쓰기도 마찬가지입니다만 '내게 혹시 글쓰기 버릇이 있는 건 아닐까?' 의심해가면서 쓰는 글과 그냥 후다닥 써버리는 글에는 분명 차이가 있을 겁니다.

저 역시 이 책을 탈고하면서 저도 몰랐던 글쓰기 버릇을 알았습니다. 바로 '단순'이라는 말을 습관적으로 쓰더군요. (저는 왜 이렇게 단순한 사람일까요?) 이 사실을 알고 의도적으로 다른 단어로 수정한 부분들이 있습니다. (그럼에도 '단순'을 일부러 찾는 건 반칙입니다.)

글쓰기 버릇을 알아차리기 위해서는 탈고할 때 주의 깊게 보는 방법도 있지만 처음부터 소리내어 읽는 방법도 있습니다. 누구나

'썼던 단어를 또 쓴다'보다 '했던 말을 또 한다'를 알아차리기가 더 쉬우니까요.

<u>중복아, 너 지켜워</u>

A : 이쯤 되면 헷갈리는 <u>것</u>이 '이곳 핀란드 <u>사람</u>들이 그만큼 자연 친화적인 <u>사람</u>들일까?'라는 <u>것</u>이다.

B : 아이에게서 고양이가 완전히 분리될 수 있는 장소를 만들어주는 <u>것이 좋습니다.</u> 높은 장소나 아이가 넘을 수 없는 높이의 펜스를 쳐서 방을 분리해주는 <u>것도 좋습니다.</u> 시각적으로도 분리될 수 있도록 가려주는 <u>것도 좋습니다.</u>

위 문장 역시 실제 교정지 속 문장입니다. A에서 '헷갈리는 것이'의 '것', '라는 것이다'의 '것', '핀란드 사람들이'의 '사람', '친화적인 사람들일까'에서의 '사람'. 이 짧은 문장 안에서 중복되는 단어가 두 개씩 있습니다. 자기도 모르게 여러 번 쓴 단어들이지요.

B도 한번 살펴볼까요? 이어지는 세 개의 문장 서술어가 모두 '~것도 좋습니다'입니다. 의도적으로 라임을 맞춘 듯한 서술어 사용이 아니라 이렇게 단순 반복된 서술어 사용은 글 자체의 퀄리티를 낮춥니다. 허술해 보이는 거죠. 그렇다면 이렇게 문장 위를 둥둥 떠다니는 버릇들은 어떻게 걷어내면 될까요?

첫째, 좀 더 단어를 민감하게 선택하세요. 이 말은 한 단어를 쓰더라도 신경 써서 중복되지 않도록 살피라는 의미입니다. 한 문장에 같은 단어가 두 개 이상 들어가지 않도록 하세요.

둘째, 이어지는 문장의 서술어가 절대 중복되지 않도록 합니다. 이를 의도적으로 피하세요. 다른 서술어를 선택하고, 다른 표현을 고민해보는 것이 좋은 문장을 만드는 정석입니다.

모호한 표현을 의도적으로 피해보자

어떤 내용이든 명확하고 구체적으로 쓰는 연습을 하세요. "그 쇼핑몰에는 언제나 사람이 많다."라는 문장과 "그 쇼핑몰에는 언제나 에스컬레이터를 줄 서서 타야 할 정도로 사람이 많다."라는 문장이 있습니다. 여러분 머릿속에 상황이 구체적으로 떠오르는 건 어느 쪽인가요?

흔히 사람들은 글에서 이런 표현을 씁니다. '정말 많다' '너무 상처받았다' '진짜 괴로웠다' 등…. 그런데, '열 손가락 발가락으로 세기에도 모자랄 정도로 많다' '뜨문뜨문 그 기억에 몸서리칠 정도로 상처받았다' '누군가 송곳으로 가슴을 후벼 파는 듯 괴로웠다'라고 한다면 어떤가요?

화려한 미사여구의 수식어를 채워 넣으라는 말이 아닙니다. 누구나 할 수 있는 모호하고 평범한 표현은 지양하고, 좀 더 구체적으로 상세하게 표현하는 연습을 하세요. 이때 좀 더 낯선 단어를 위주로 사용한다면 금상첨화겠지요.

한 문장은 한 가지 이야기로 끝내!

한 문장에 두 가지 이상의 이야기를 담지 않도록 하세요. 일단 문장을 짧게 쓰다 보면 이런 실수는 줄일 수 있습니다.

> 저 역시 정말 미치게 운동을 하기 싫을 때도 있고 다이어트에 지치는 마음이 든 적도 있지만 전략적으로 몸을 쉬거나 내 나이에 맞게 관절을 아끼기 위해서 운동을 건너뛰는 것이 아니면 게으름 때문에 운동을 길게 그만두지는 않습니다.

한 문장으로 이루어져 있지만 하고 싶은 이야기는 여러 개라는 것을 눈치챌 수 있을 거예요.

"나도 운동하기 싫고 다이어트에 지칠 때가 있다."

"전략적으로 운동을 쉰 적이 있다."

"그러나 게으름 때문에 운동을 그만둔 적은 없다."

이렇게 세 이야기가 섞여 있지요.

한 문장에 하고 싶은 말 하나씩만 담는다는 생각으로 문장을 쪼개세요. 그러면 좀 더 간결해져서 하고 싶은 말이 무엇인지 독자들이 알기 쉬워집니다.

스물다섯 살의 제가 처음 출판계에 들어와 몸담았던 출판사의 대표님은 입버릇처럼 이런 얘기를 하셨습니다.

"어떤 글이 좋은 글인 줄 자네는 아는가?"

토끼 눈을 하고 되물었을 때 돌아온 답은 바로 "신문기사 같은 글이네. 신문기사는 아주 어린 초등학생부터 80세 노인까지 이해할 수 있도록 쉽게 썼거든."이었습니다. 당시에는 사실 '무슨 말이야?' 하며 어리둥절했습니다.

글 좀 쓴다는 분들이 가장 함정에 빠지는 부분이, 멋지게 쓰려고 하다가 결국 어렵게 쓴다는 점입니다. 그들은 쉽게 읽히는 글을 얕잡아 봅니다. 생각에 생각에 생각을 해야 풀리는 문장이야말로 '생각할 거리'를 던져주는 글이라고 착각하기도 합니다. 사람마다 혹은 독자마다, 에디터마다 생각하는 바가 다르긴 하겠지만 저는 이제야 '쉽게 쓴 글이 좋다'는 걸 이해합니다.

사용한 단어나 분위기가 쉽다는 것이 아니라 글만 읽어도 무슨 이야기를 하고 싶은지 이해하기 쉽고, 명확하다는 의미입니다.

기교를 섞어 어렵게 쓴 글보다 하고 싶은 이야기가 잘 담긴 담백하고도 쉬운 글이 더 훌륭합니다. 범접할 수 없을 정도의 테크닉이 들어간 글, 마치 숨바꼭질을 하듯 숨겨진 의도와 의미를 찾는 데

애를 태워야 하는 글 또한 누군가는 '읽어내야만' 빛이 나니까요.

한자어 대신 우리말을 쓰려는 노력이 계속되고 있지만 그래도 한자어를 전혀 쓰지 않고서는 제대로 된 문장 한 줄 쓰기 어려운 게 현실입니다.

'계란鷄卵' 대신 '달걀'로 순화해서 쓰길 권장하지만 '계란국'이나 '계란말이'처럼 이미 굳혀진 단어도 있지요. '계란프라이'보다 '달걀프라이'로 쓰라는 분들도 있는데 (개인적으로는) 의아합니다. 한자어는 안 되고, 영어 프라이Fry는 되고요?

에디터로서 좀 더 우리말을 사랑하여 순화해서 사용하려는 노력을 해야겠지만 읽는 사람도 불편할 정도로 '억지스럽게' 바꿀 필요는 없다고 생각합니다. 다만 한자어를 쓸 때 반드시 그 뜻을 곱씹어 생각한 뒤 정확하게 써야 합니다.

이번 챕터에서 많이 쓴 단어 중 '중복重複'이 있습니다. 거듭하다는 뜻의 '중重'과 겹치다는 뜻의 '복複'이 합쳐진 단어로 '같은 것이 두 번 이상 겹침'을 뜻합니다.

비슷한 단어로 '반복反復'이 있습니다. 되풀이하다는 뜻의 '반反'과

겹치다는 뜻의 '복^複'를 사용합니다. 정확한 뜻은 '한 가지 일을 되풀이함'을 뜻합니다.

> A : 중복해서 책을 읽었다.
> B : 반복해서 책을 읽었다.

위와 같은 두 문장이 있습니다. 여러분은 구분이 되나요? 여러 권의 책을 읽고 있다는 의미로 해석되는 것이 A이고, 한 권의 책을 읽고 또 읽고 하는 것이 B가 되겠지요.

한자어로 된 단어 중에는 이처럼 미묘하게 비슷하지만 다르게 쓰이는 것들이 있습니다. '특징^{特徵}'이라고 써야 할지, '특성^{特性}'이라고 써야 할지 따져봐야 하는 거죠. 특징은 다른 것에 비해 특별히 눈에 띄는 점이고, 특성은 그것에만 있는 특수한 성질이라니까 구분이 되나요?

이처럼 단어가 가진 고유의 뜻을 파악하고 적재적소에 배치하면 비문을 만들고 싶어도 만들기가 어렵습니다. 단어가 내포한 정확한 뜻을 파악하면 불필요한 수식어 사용이 줄어듭니다.

"할아버지가 남긴 유산이 5억이다."라고 했을 때 '유산^{遺産}'이라는 단어 안에 '남기다'라는 뜻을 내포하고 있어 표현이 중복된 셈입니다. 좀 더 옳은 문장이 되려면 "할아버지의 유산이 5억이다."라고 써야 합니다.

김민식 PD가 《영어책 한 권 외워봤니?》(위즈덤하우스) 후속작으로 《매일 아침 써봤니?》(위즈덤하우스)를 출간했습니다. 그는 책에서 이런 이야기를 합니다.

"매일 한 편씩 블로그에 글을 쓰지만, 스스로 글을 잘 쓴다고 생각한 적은 한 번도 없습니다. 글을 잘 쓰면 이렇게 매일 쓰지는 않을 것 같아요. 글을 못 쓰니까, 잘 쓰고 싶은 욕심에 자꾸자꾸 씁니다. 영어공부든 글쓰기든, 어떤 일을 잘하는 비결은 매일 연습하는 것 말고는 없거든요."

여러분이 잘 알고 있는 무라카미 하루키 역시 전업작가 선언을 하면서 매일 한 시간씩 달리거나 수영을 했고, 그것을 30년 넘게 하고 있다고 합니다. 무엇보다 하루에 200자 원고지 20매 쓰기를 규칙으로 삼아 철저히 지켜나갑니다. 더 쓰고 싶더라도 20매에서 멈추고, 뭔가 안 풀리는 날에도 기어이 20매까지는 쓴다고 해요.

외국어공부를 해본 사람, 악기를 연주하는 사람, 운동하는 사람의 공통점이 무엇인지 아시나요? 바로 '꾸준함의 힘'을 안다는 점입니다. 이들은 일단 꾸준히 하면 긍정적인 결과가 따라온다는 것을 알고 있습니다. 경험해본 것이지요. 그래서인지 외국어의 산을 넘어본 사람들은 몸무게 정체기도 잘 이겨낸다고 합니다. 다이어트 중에 아무리 몸무게가 더 이상 줄지 않는 정체기에 있어도 운동을 포기하지 않습니다. 꾸준히 하면 그 산을 넘을 수 있을 거라는 믿음을 가지고 있지요.

지난 3월, 배달의민족 김봉진 대표의 강연을 들은 적이 있습니다. 그가 네이버에 재직 중일 때 오픈캐스트를 744일 동안 하루도 빠짐없이 발행했다고 합니다. 2년 가까이 꾸준히 했던 거죠. 국내외 디자인 핫이슈와 IT 소식을 정리해보면서 배달의민족을 구상하게 되었다고 하더군요.

사람들은 자신에게 어떻게 그렇게 할 수 있었느냐면서 대단하다고 그 비결을 알려달라고 한답니다. 그들에게 김봉진 대표는 이런 일을 해보라고 권한다고 해요.

"아무것도 안 하고 하루하루 탁상달력에 X 긋는 일을 딱 100일만 해보세요."

처음에는 그거 뭐가 어려운 일이냐고 하지만 그걸 성공해서 찾아오는 사람은 거의 없다고 합니다. 그만큼 사람이 꾸준함을 지니기는 쉽지 않습니다.

여러분이 글을 정말 잘 쓰고 싶고, 한 권의 책을 완성하고 싶다면 일단 매일 쓰세요. 여러분만의 콘텐츠를 기록하세요. 메모라도 하세요. 그리고 무엇보다 꾸준히 하세요.

기록이 승리하리라

"책을 쓰고 싶은데, 어떻게 준비를 하나요?"라는 질문에 저는 무조건 이렇게 말합니다.

"지금 하고 있는 일들을 모조리 기록해두세요."

앞서 말했지만 문학 분야의 전문 작가를 제외하고 경제경영서나 실용서, 건강서 등 책을 쓴 사람 대부분은 그 분야의 전문가입니다.

펀드매니저라든가(경제서), 기업의 CEO(경영서), 의사(건강서), 선생님(학습서) 등이죠. 이들은 어느 날 갑자기 이불킥 하듯 책을 쓰겠다고 덤비지 않았습니다.

여러분이 몸담고 있는 그 분야에 터를 잡고 전문성을 기르고자 마음먹었다면, 입문할 때부터 일기 쓰듯이 자료를 많이 모아두세요. 일을 하면서 어떤 문제가 생겼고, 어떻게 해결하려고 노력했으며, 어떤 시행착오를 거쳤고, 어떤 부분에서 도움이 되었는지 모조리 기록하는 것이지요. 그렇게 더도 말고 덜도 말고 3년만 모으세요. 이렇게 경험이 우러나온 책만큼 좋은 책은 찾기 어렵습니다.

여러분이 책을 쓰겠다고 마음을 먹었다면 지금부터라도 자신이 느꼈던 감정과 알고 있는 정보를 차곡차곡 모으세요. 그 노력이 여러분을 배신하지 않는 절대적 콘텐츠가 될 겁니다.

밝힐 건 밝혀야지

어디선가 읽은 책, 어디선가 본 내용, 어디선가 얻은 자료 등은 분명히 출처를 밝히고 써야 합니다. 자신만의 콘텐츠가 아닌 다른 사람의 자료를 가지고 책을 만들면 안 됩니다. 일부를 인용하는 건 가능하겠지만 그조차도 출처는 반드시 밝혀야 합니다.

그럼에도 불구하고 책은 논문과 다릅니다. 논문은 누군가의 실험 결과나 조사 결과를 토대로 쓰기 때문에 각주가 붙어 있지 않은 문장을 찾기 어렵지요. 단행본이 그래서는 안 됩니다. 여러분의 생각이 담겨야 하고, 여러분의 주장이 녹아 있어야 하지요. 인용의 출처는 밝히되 인용으로만 구성하면 안 된다는 말입니다.

만약 TED 강연 내용을 토대로 한 자기계발서를 준비한다면, 이 책을 쓰기 전에 먼저 TED 측에 해당 내용을 인용해도 되는지 확인을 받아야 합니다. 그건 저자로서 마땅히 해야 할 일이고요. 간혹 놓친 저작권 문제 일부를 출판사에서 대신 확인해줄 수는 있겠으나 기본적으로 저자가 자신의 책 내용을 확인받아야 합니다.

도서에서 인용한 글도 분량에 따라서, 책에 따라서, 출판사에 따라서 미리 허락을 받아야 하는 경우도 많습니다. 나중에 구설에 휘말리지 않도록 미리미리 확인 절차를 거치도록 합니다.

머리말과 맺음말은 어떻게?

책의 내용을 본격적으로 시작하기 전에 나오는 글을 '머리말'이라 합니다. '프롤로그^{Prologue}'라고도 하지요. 반대로 본문이 모두 끝난 뒤에 나오는 글을 '맺음말' 혹은 '에필로그^{Epilogue}'라고 합니다.

해외 저자의 번역서를 보면 누군가를 향한 '헌사^{獻詞}'가 머리말의 형태로 실리기도 합니다. 특히 그림책은 짧은 헌사가 머리말을 대신하지요. 책을 어떤 글로 열고 맺을지는 여러분 마음이긴 합니다만 "어떻게 써야 할지 막막해요~" 하는 분들을 위해 저는 다음과 같이 조언해드리곤 합니다.

머리말은 이 책을 집어 든 독자에게 하고 싶은 말로 채웁니다. 이 책은 어떤 내용을 담고 있고, 나는 왜 이 책을 쓰게 되었으며, 어떤 분들이 읽으면 좋고, 이 책을 어떻게 읽어주면 좋겠는지 그 바람을 써도 좋습니다. 제목이나 콘셉트에 대해 오해하지 않도록 살짝 이야기를 축약해서 풀어놓기도 하지요.

여러분이 머리말을 쓸 때 가장 명심할 것은 '독자들이 서점에서 책을 집어 들고 서문을 읽다가 그냥 내려놓기도 하고 계산대로 가기도 한다'는 점입니다. 즉 사서 읽고 싶다는 욕구가 샘솟을 정도로 매력적인 머리말을 써야 합니다. 그렇다고 해서 스포일러처럼 머리말만 읽어도 한 권을 다 읽은 것 같은 느낌을 주면 안 됩니다. 독자들이 계속해서 책을 읽어나가고 싶게끔 쓰기 바랍니다.

맺음말은 머리말에 비해 좀 더 무게를 덜어내도 좋습니다. 여러분의 책을 끈기 있게 읽어준 독자들에게 감사 인사를 전해도 좋고, 좀 더 격려해주어도 좋습니다. 책에 담지 못했던 아쉬운 부분, 책과 관련된 비하인드 스토리를 담아도 되고요. 책의 분야에 따라 분위기를 잘 이어가 마무리하면 됩니다. 고마운 분들에 대한 감사인사로 채워도 괜찮습니다.

추천사의 기능에 대해서는 에디터인 저조차도 독자들에게 물어 보고 싶습니다. 누군가가 추천했다는 것만으로 책을 사기도 하는 지! 전혀 영향이 없다고는 할 수 없겠지만, 문학 계열 도서가 아닌 이상 추천사 몇 줄 때문에 책이 불타나게 팔리거나 하지는 않습니다. 다만 추천사가 있음으로 해서 독자들에게 좀 더 책에 대한(혹은 저자에 대한) 믿음이 생길 수는 있겠지요.

그러나 책을 집어 든 사람들이 추천사까지 읽어내기 위해서는 다음과 같은 순서를 거쳐야 한다는 것을 알고 있어야 합니다.

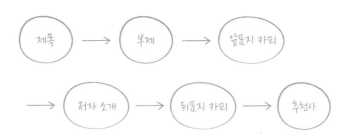

여러분이 지금 읽고 있는 책의 추천사를 언제 읽었는가 (읽긴 읽었는가) 곰곰이 생각해보세요. 여러분처럼 독자들도 추천사를 읽지 않거나 혹은 나중에 읽게 될 겁니다.

추천사는 출판사에서 부탁할 때도 있지만 대체로 저자가 직접 부탁합니다. 거의 3교 정도 진행된 교정지를 전달한 뒤 읽어보고 써달라고 부탁하는 게 가장 기본적인 방식입니다. 그런데 막바지 작업으로 갈수록 시간이 촉박해지기 때문에 혹시라도 추천사가 늦어지지 않도록 미리미리 챙기는 게 좋습니다. 무엇보다 추천사를 받기 전에는 반드시 에디터와 상의를 하세요. 어떤 분들에게 어떤 내용으로 받으면 좋을지.

가끔 자신이 알고 있는 지인 중에 유명하다는 이유만으로 추천 사를 받아보겠다 하는 분들도 있는데, 사실 책 콘텐츠와 관련 없는 분들의 추천사는 받지 않는 것만 못합니다. 콘텐츠와 좀 더 밀접한 관계에 있는 사람들 글이 (미세하지만) 좀 더 효과적이지요.

온라인 카페나 블로그 등 개인 커뮤니티를 운영하는 분들의 경우, 그곳에서 활동하는 사람들(팬들)의 글을 넣기도 합니다. 이런 추천사는 '책에 대한 추천'이라기보다 '저자에 대한 추천' '콘텐츠에 대한 추천'에 가깝습니다. 추천사를 써주는 분들이 유명하지 않아도 피부에 와닿는 실질적인 추천을 해주는 셈이라 오히려 더 효과적이기도 합니다.

책날개에 들어가는 자기소개

기획안 속 자기소개가 아닌 책에 들어가는 저자소개에 대해 설명해보겠습니다. 요즘에는 이력이나 경력 사항에 대해 쭈루룩 써놓는 자기소개보다 위트를 가미한 자기소개가 많습니다. 온라인에서 활동하던 작가 책들도 많다 보니 필명으로 낸 책들도 많고요. 그만큼 저자소개는 자유로운 형태입니다.

다만 여러분이 쓴 책이 어떤 콘텐츠를 담았는지에 따라 저자소개도 달라져야 합니다. 여러분의 직업과 관련된 콘텐츠를 담았다면 어떤 일들을 해온 사람인지 그 내용에 대해 쓰는 게 좋겠지요. 예를 들어 상담사가 쓴 '심리 에세이' 책이라면 상담사의 경력이 잘 드러난 소개, 북에디터가 쓴 '책쓰기' 책이라면 에디터의 능력이 잘 어필된 소개 등.

일반 에세이 쪽은 저자의 매력이 좀 더 드러날 수 있도록 함축적이고 멋진 표현이면 좋습니다. 최근에 재밌게 읽은 배우 박정민 산문집《쓸 만한 인간》(상상출판)의 저자소개는 다음과 같습니다.

> 박정민
>
> 작가는 아니다. // 글씨만 쓸 줄 아는 / 그저 평범한 / 당신의 옆집 남자. // 가끔 테레비나 영화에 나오기도 한다.

블로그나 기타 SNS로 유명해진 저자들은 스토리 중심으로 저자소개를 풀어나가곤 합니다. 하루 아침에 스타가 되었다는 식이 아니라, 그동안 꾸준한 노력을 했고 책은 그 노력의 정점에서 썼다는 것이 어필되게끔 말이죠.

　책날개에 들어가는 저자소개는 표지가 완성이 되고, 표1, 표2, 표3, 표4 글을 작성할 무렵에 에디터가 여러분에게 요청할 겁니다. 그때 쓰면 되고, 어떤 식으로 쓰면 좋을지 감이 안 잡히는 분들은 에디터에게 도움을 요청하면 됩니다. 어떤 내용을 포함하면 좋을지, 어떤 식으로 쓰면 되는지.

죽어도 글이 안 써지는 사람들에게

　막상 글을 쓰려니 첫 줄에서 커서만 깜박깜박하는 분들이 있죠. 일단 뭐라도 써야 하는데, 시작이 어려운 분들…. 여러분이 만약 콘텐츠를 글로 옮기기에 엄두가 안 난다면 쓰고 싶은 내용을 녹음하는 것도 하나의 방법입니다.

　처음 구성한 목차가 있다면 이를 질문형 문장으로 바꾸고 누군가가 자신에게 물었다는 가정 아래 녹음을 하는 거죠. 혼자 떠드는 일이 매우 쑥스럽고 손발이 펴지지 않는다면 가장 친한 친구에게 부탁해보세요.

　"나에게 이 내용과 관련된 질문을 좀 던져다오!"

　혹은 여러분의 책을 읽을 만한 타깃을 섭외하여 부탁하세요. 제가 만약 글이 너무 안 써진다면 자신만의 책을 내고 싶어 하는 사람을 찾아 대화를 나눠보면 되겠지요.

또 한 방법은 목차를 아주아주 잘게 나누는 겁니다. 만약 쪼갠 목차가 40개고, 책 한 권을 쓰기 위해 A4 120쪽이 필요하다고 가정해봅시다.

이 분량을 채우려면 목차 하나당 A4로 세 쪽씩 쓰면 됩니다. 모든 목차를 하나의 칼럼이라 생각하고 마감일을 설정해두세요. 그런 다음 죽이 되든 밥이 되든 일단 마감일을 지키는 겁니다. 그 마감일을 출판사 에디터에게 공유해도 좋습니다. 에디터가 일정을 세심하게 체크해줄 테니까요. 그렇게 일단 끝까지 다 쓴 다음에 수정하고 탈고하는 과정에 시간을 쏟는 게 오히려 진도가 잘 나가는 방법입니다.

간혹 대필작가를 구해줄 수 있느냐고 묻는 분들이 있습니다. 대필작가가 존재하지 않는 건 아닙니다만 웬만해서는 본인의 역량을 키워서 글을 쓰길 바랍니다. 만약 대필작가를 고용해서 원고를 완성시킨다면 판권 페이지 등에 도움을 받았다는 내용을 표기해야 합니다. 작은 흠집조차 모두 드러나 논란으로 이어지는 요즘과 같은 세상에 '몰래' '비밀' '은근슬쩍'이란 없습니다.

원고를 써나가는 저자의 바른 자세

제가 좋아하는 저자들에게는 공통된 특징이 있습니다. 바로 저자로서의 역할에 굉장히 충실하다는 점이죠.

책이 출간되면, 어떤 책은 만들기 너무 힘들었다고 눈 흰자위를 보이며 고개를 젓게 되고, 어떤 책은 뿌듯함이 밀물처럼 밀려와 절로 웃음이 입가에 머뭅니다.

원하는 형태로 책이 나와준 것이 뿌듯함을 느끼는 데 한몫하지만, 저자와 케미를 이루며 일한 일련의 과정들이 굉장한 희열을 줄 때가 있습니다. 누군가와 몇 개월을 머리 맞대어 의논하고 생각을 나누고, 의견을 모으고 목표를 향해 달려가는 과정. 그 과정 끝에 나온 책 한 권! 그 기쁨이 얼마나 큰지 모릅니다.

저자로서 그 역할에 충실한 사람은 말 그대로 '원고를 제대로(!) 잘 써서 준 사람'을 뜻합니다. 사실 출판사의 에디터는 이 일만 저자가 제대로 해줘도 고맙다는 말을 달고 삽니다. 실제로 원고를 제대로 주지 않아서, 자기 마음대로 엉뚱하게 줘서 편집업무 자체를 험난하게 만드는 분도 많기 때문입니다.

여러분이 책을 쓰기로 마음을 먹었고, 이왕이면 잘 써보겠다고 이 책을 집어 들었으니 좋은 저자가 되는 일까지도 고려해보세요. 에디터가 '쿵' 하면 '짝' 소리를 내는 저자! 함께 책을 만들어나가는 기쁨을 여러분도 흠뻑 느끼길 바랍니다.

중간 피드백을 두려워 말라

어디까지 작성하였는지 현재 상태의 원고를 보여달라고 부탁하면, 아직은 어설픈 상태라 보여주지 않겠다는 분들이 있습니다. 사실 대체로 그러합니다. 그런데 에디터의 중간 피드백은 초보 저자에게 매우 필요한 일입니다.

내용상 미리 의논하고 싶은 부분이 있다면 그것을 얘기해도 좋습니다. 에디터들은 저자가 원고에 대해 묻는 것을 싫어하지 않습니다. 저자가 정말 부지런하다고 우스갯소리는 할지언정 피드백을 얻고자 내미는 저자의 손을 절대 뿌리치지 않습니다.

제가 경험해본 저자 중《디어 베이비》(청림Life)의 황진 작가는 중간 피드백을 가장 두려워하지 않는 분이었습니다. 언제나 스케치

단계에서 제게 질문을 던졌습니다.

예를 들자면 저런 식의 영어를 넣어서 구성하고 싶은데 어떤지 에디터인 제 의견을 물어왔지요. 저는 좋다는 의견 아래에 이런 이야기를 덧붙였습니다.

"꽃 화관이 참 예쁜데, 배경에도 꽃들이 휘날리면 좋겠다는 생각이 들어요. 엄마와 아이 옷도 디테일이 살아 있으면 좋겠어요."

완성된 최종 그림 보시겠습니까?

피드백 이후 퀄리티가 확연히 높아지는 그림을 보면서 메일의 첨부파일을 열 때면 언제나 가슴이 두근댔습니다. 이 저자는 90개가 넘는 그림을 모두 스케치나 아이디어 상태, 중간 과정일 때 보여주며 저에게 피드백을 요청했습니다. 만약 저자가 중간중간 저에게 의견을 물어보지 않았다면 어떤 결과가 나왔을까요? 다 그려놓은 뒤에 다시 수정하느라 힘이 들었겠지요.

좀 더 가시적인 사례를 보여주고자 컬러링북을 예로 들었지만, 에세이나 자기계발서를 쓰는 분들 역시 샘플원고 상태에서 문체나 흐름이 어떠냐고 묻는 분들이 많습니다.

실용서를 쓰는 분들도 지금처럼 계속해서 쓰면 되는지 현재 상태의 원고를 보여주곤 하지요. 굉장히 영리한 책쓰기라고 할 수 있습니다. 중간중간 체크받는 일을 두려워하지 마세요. 중간 피드백은 원고 퀄리티를 높일 수 있는 방법이라는 것을 명심하기 바랍니다.

그 집 하드디스크는 안녕하십니까?

"에이~ 잠수 타는 저자가 있다고요? 설마….'

믿지 않을지도 모르겠지만 사실입니다. 출판사와 계약된 꽤 많은 저자들이 잠수 중이지요. 사실 저자만 그런 건 아닙니다. 번역자나 외주 교정자 또한 가끔 잠수를 타곤 합니다.

출판사의 연락을 피하거나 잠수를 타는 건 금물입니다. 마감일을 어기더라도 수면 위에 동동 떠 있어야 합니다.

예전에는 참 다양한 원인으로 원고가 사라지곤 했습니다. 그중 많은 비율을 차지하는 것이 '하드디스크가 깨졌다'였어요. 진짜 박살이 난 경우도 있겠지요. 그걸 믿고 안 믿고를 떠나서 마감일이 다가와서 이런 얘기를 하면 곤란합니다. 미리미리 사정을 출판사에 알려주어야 합니다. 시간이라도 있어야 대책을 마련하니까요.

출판사에서는 저자의 원고 입고일을 염두에 두고 모든 일정을 맞춰둡니다. 디자이너에게 원고를 넘길 시기를 정해두거나 사업적으로 출간도서를 지정해두거나 하는 식이죠. 그런데 원고가 들어와야 하는 날 '펑' 원고가 날아가게 되면 그야말로 큰일(?)이 납니다. 무방비 상태로 터지면 그야말로 '자폭'이 되는 셈이지요. 따라서 아무리 잠수 실력 뛰어나더라도 잠수는 금지입니다.

한글? 워드? 어떤 형식으로 원고를 보내?

출판사로 원고를 투고할 때 프린트를 하여 가제본한 상태로 보내는 분들이 있었습니다. 검토가 끝났으면 반드시 돌려달라는 말도 건네고요. (호랑이가 담배 피며 투고하던 시절 아닌가요?)

요즘에는 이렇게 투고하는 분들이 거의 없습니다. 최근에 만난

20대 저자들은 에버노트에 쓴 원고를 공유 기능으로 보내기도 합니다. 세월은 이토록 빠른 속도로 바뀌었지만 그럼에도 출판사에서 가장 선호하는 원고의 방식은 다음과 같습니다.

한글/워드

한컴오피스의 '한글'이든 마이크로소프트 오피스의 '워드'든 어떤 걸 써도 무방하긴 합니다만 출판사에서는 '한글' 프로그램을 좀 더 많이 씁니다. '워드'는 문서의 규칙성이 발견되면 계속 서식화되기 때문에(번호가 자동으로 매겨진다든지, 알아서 탭 설정이 된다든지) 저는 덜 쓰는 편입니다.

한글로 쓰든 워드로 쓰든 에디터가 PC상에서 교정을 끝내고 디자이너에게 넘길 때에는 텍스트 문서로 넘기게 됩니다. 여러분이 알고 있는 메모장, 이 문서의 기본 저장이 텍스트이지요.

예전에는 맥으로 작업하는 디자이너들이 많아서 컴퓨터에 대체로 '한글' 프로그램이 깔려 있지 않았습니다. 그래서 텍스트 문서로 변환해서 보냈는데, 그 관습이 아직 남아 있습니다. 그런데 요즘에는 디자이너들이 주로 '쿼크' 보다는 '인디자인'으로 작업을 하기 때문에 PC를 쓰는 분들도 많습니다. 따라서 디자이너에게 어떤 문서로 주는 게 좋은지 물어본 뒤 맞춰서 넘기면 됩니다. 아! 물론 여러분이 디자이너에게 직접 원고를 보낼 일은 없으니 이 이야기는 흘려버려도 됩니다.

간혹 맥을 쓰는 저자들이 페이지스 프로그램을 활용하여 원고를 작성하고 워드로 저장해서 보내는데, 그러면 일반 PC에서는 깨질 때가 있습니다. 띄어쓰기 설정이 안 되어 다닥다닥 붙어서 오거나 한글이 도형처럼 바뀌는 경우도 있지요. 그러므로 에디터에게 여러분이 사용한 문서가 제대로 열리는지 미리 확인받는 게 좋습니다.

사진

원고에 사진이 들어가는 경우도 있겠지요. 이때 사진을 원고에 넣어서 줄 필요가 없습니다. 한글이나 워드 파일의 용량만 늘어날 뿐 에디터에게는 전혀 도움이 되지 않으니까요.

사진자료가 있는 경우에는 일단 사진의 파일명을 규칙적으로 설정해주세요. 사진 파일명들은 대체로 이러하지요?

IMG_10123.jpg

IMG_10124.jpg

물론 이렇게 원고에 파일명을 넣어주는 것도 잘못된 방법은 아닙니다. 하지만 파일명을 정리해서 주면 에디터를 비롯하여 디자이너 역시 헷갈리지 않습니다.

1부_기어오르기 (1).jpg

1부_기어오르기 (2).jpg

2부_뜀뛰기 (1).jpg

2부_뜀뛰기 (2).jpg

포인트는 파일명이 헷갈리거나 겹치지 않게 주는 것입니다. 그렇게 한 다음 원고에는 사진이 들어갈 자리에 [사진첨부 : 1부_기어오르기 (1)] 이런 식으로 표기만 해주면 됩니다.

휴대폰 사진을 사용해도 되는지 묻는 분들도 있더군요. 요즘 스마트폰 카메라는 해상도가 좋은 편이라 대체로 사용해도 됩니다. 다만 사진 크기가 크다고 해서 되는 게 아니라 해상도가 포인트이기 때문에 여러분 휴대폰 사진이 출판할 책에 써도 될 사이즈인지 궁금하다면 포토샵 프로그램으로 이 방법을 따라 해보세요.

이 책을 쓰고 있는 제 모습을 휴대폰으로 찍은 사진입니다.

이미지 크기를 살펴봅니다.

대체로 휴대폰으로 찍은 사진은 72dpi입니다.

300dpi로 바꿨을 때 위 센티미터 숫자도 바뀐 것을 알 수 있지요?

폭:	34.14	센티미터	∨
높이:	25.6	센티미터	∨
해상도:	300	픽셀/인치	∨

이 사진을 인쇄용으로 썼을 때 가로 34.14cm, 세로 25.6cm가 됩니다.

휴대폰으로 찍은 사진은 대체로 72dpi입니다. 포토샵에서 이 사진을 불러내어 300dpi로 바꿨을 때 가로x세로 나오는 사이즈가 바로 '이 사진의 최대 사이즈'이지요. 즉 그 이상으로 사진이 커지면 인쇄 때 지글지글 깨지는 현상이 일어납니다.

포토샵이 컴퓨터에 깔려 있지 않아서 이걸 확인할 수 없는 분들도 있겠지요. 그럴 때는 사진 한 장을 샘플로 에디터에게 보내서 대신 확인해달라고 요청하면 됩니다.

출판사에 사진을 줄 때에는 모두 원본 형태여야 합니다. 원본의 사진을 알집으로 묶어서 주는 게 가장 좋지요.

사진을 새롭게 찍어야 하는 경우도 있을 겁니다. 그럴 때에는 트리밍 trimming 자체를 여러분이 하지 말고, 배경과 여백을 디자인적으로 활용할 수 있도록 넉넉하게 찍어주면 더 좋습니다. 실제로 교정지에 디자인되어 나왔을 때 사진이 조금 마음에 안 든다면 그때 트리밍하면 됩니다. 그리고 사진을 찍을 때에는 모조리 가로로만 찍거나 세로로만 통일해서 찍기보다 어떤 식의 디자인으로 쓸지 모르니 가로, 세로 두 가지 모두 찍어두길 바랍니다. 자료가 많을수록 디자인도 다채로워지니까요.

일러스트

일러스트를 출판사에 넘겨줘야 한다면 일단 그림을 그릴 줄 알거나 일러스트 작가일 테니 대략 작업물 파일을 어떻게 넘기면 되는지 알 거라고 생각합니다.

레이어가 모두 분리되어 있는 포토샵 파일이 가장 좋고요. 손으로 그린 분들은 스캐너를 통해 디지털화한 파일을 넘겨주는 게 좋습니다.

일러스트 역시 한글이나 워드 원고에 집어넣을 필요가 없습니다. 파일명을 정리하여 원고에 정확한 파일명만 쓰면 됩니다.

무엇보다 인쇄를 할 때에는 RGB가 아닌 CMYK여야 하므로 미리 CMYK 상태의 본인 작업물을 확인하길 바랍니다(6장에서 좀 더 설명합니다).

기타 자료

표나 그래프 등의 도표는 어차피 디자이너가 다시 그려야 합니다. 따라서 정확하게 이해할 수 있게만 전달해주면 됩니다. 그리고 표나 그래프는 원고에 함께 넣어주는 게 좋습니다.

실제로 갖고 있는 자료가 없어서 새롭게 만들어야 한다면 참고할 이미지를 함께 보내주어야 합니다. 예를 들어 뇌의 어떤 부분에서 어떠한 물질이 나간다는 표현을 그려 넣고 싶다면 유사한 그림을 찾아서 출판사에 전달하면 됩니다.

이 책 속에서 제가 설명하고 싶은 도표는 대략 이러했습니다.

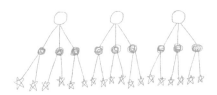

위 도표는 제가 쓱쓱 손으로 그린 거고요. 이렇게 스케치한 도표가 실제 어떻게 나왔는지 보시겠습니까?

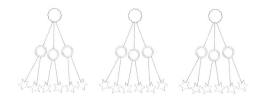

📑 글쓰기 스킬을 키워보자

글을 쓰는 데 있어서 가장 힘든 부분은 무엇인가?

_____

_____

_____

글에서 나타나는 나만의 버릇은 무엇인가?

_____

_____

_____

내가 가장 많이 하는 실수는 무엇인가?

_____

_____

_____

> 글쓰기 실력 향상을 위한 추천 책
>
> 《내 문장이 그렇게 이상한가요?》(유유)
>
> 《강원국의 글쓰기》(메디치미디어)
>
> 《글쓰기의 최전선》(메멘토)
>
> 《유시민의 글쓰기 특강》(생각의길)

Chapter 5

일단 다 찔러봅니다

가끔 혼돈하는 분들이 있지만, 간단하게 설명하면 이러합니다.

"출판사＝책을 만드는 곳"

출판업은 제조업에 해당합니다. 책을 판매하는 일은(즉, 유통) 서점에서 합니다. 다시 말해 출판사는 원고인 상태의 글을 편집하고 디자인하여 책으로 만들어 독자에게 알리는 일까지를 하게 됩니다. 그렇게 만들어진 책을 독자들이 서점에서 사는 것이고요.

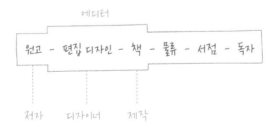

위 도표에서 볼 수 있듯 저자의 손에 있던 원고가 책이라는 형태가 되어 독자의 손에 쥐이기까지 그 모든 과정을 출판사에서 핸들

링합니다. 좀 더 정확히 표현하자면 북에디터가 모든 과정에 전방위적으로 관여를 하지요. 무엇보다 에디터의 역할이 크게 필요한 것이 바로 '원고를 편집하고 디자인하여 책으로 만드는' 과정까지입니다. 다른 일들은 출판사 내부 다른 부서의 도움을 받게 됩니다.

출판사 구조를 알아볼까

출판사를 부서별로 크게 덩어리를 묶자면 다음과 같습니다.

이를 세분화하자면 다음과 같습니다.

총무나 회계 담당, 물류관리, 제작 부서가 '관리'에 해당하고, 홍보와 마케팅이 '판매'에, 출판기획(외서기획 포함) 및 디자인 등이 '기획/편집' 부서에 해당합니다. 이런 형태가 20~30명 정도 규모

인 중간 크기 출판사 구조라고 생각하면 됩니다.

대형 출판사로 가면 전자책 담당 부서가 따로 있거나 다른 기타 사업부를 가지고 있는 곳도 있습니다. 반대로 작은 규모의 출판사일수록 몇몇 부서가 통합되어 있는 형태입니다.

큰 출판사 vs 작은 출판사

큰 출판사라고 해서 무조건 좋은 건 아니고, 작은 출판사라고 해서 대단히 열악한 것만은 아닙니다. 출판사마다 특색이 다르기 때문에 나와 맞는 출판사를 찾는 게 여러분이 우선적으로 해야 할 일입니다.

에디터 수만 40~50명 가까이 되는 아주 큰 규모의 출판사가 있다고 해봅시다. 이곳 에디터들이 두 달에 한 권씩 책을 출간한다고 가정하면 한 달에 최소 20종의 책이 나오는 셈입니다.

한 달 근무일수가 평균 20일이라면 이 대형 출판사에서는 거의 매일 한 권의 책이 출간됩니다. 큰 출판사일수록 마케팅 비용을 많이 쓰긴 하겠지만 그 비용은 싹수가 보이는 한두 권에 집중하게 됩니다. 나머지 책들은 잘 나가는 한두 권에 밀려 광고 한 줄 할 수 없는 상황을 맞이하기도 합니다.

출판사야말로 '80 대 20 법칙'이 빈번하게 일어나는 곳입니다. 20%의 팔리는 책들이 80%의 안 나가는 책들을 먹여 살리는 거죠.

따라서 80%의 팔리지 않는 책에 마케팅 비용을 투자하지 않습니다. 3,000부 판매될 책에 투자하여 4,000부 판매되게 만드는 게 아니라 3만 부 팔리는 책에 비용을 투자하여 10만 부 판매를 일으키는 식입니다. 그렇다면 진지하게 생각해봅시다. 여러분 책은 팔릴 것 같은 20%에 속합니까?

여러분은 오프라인 서점 군데군데 매대를 펼쳐둔 금전 상황이 좋아 보이는, 마케팅 비용을 펑펑 쓰는 것 같은 출판사에서 책을 내고 싶지요? 하지만 그 출판사에서 책을 낸다고 해도 그 안에서 경쟁을 하게 됩니다. 다시 말해 관련 분야의 다른 책과의 경쟁은 말할 것도 없고, 같은 출판사의 시기가 비슷하게 출간되는 책들과 내부 경쟁도 해야 합니다.

반면 작은 규모의 출판사는 자금이 많지는 않지만 한 권, 한 권 정말 열정을 쏟아붓습니다. 여러분의 책을 꾸준히 신경 써줄 가능성도 큽니다. 규모의 특성상 책이 한두 달에 한 권씩 나오니 다음 책이 나오기 전까지는 오로지 여러분 책에 집중할 테니까요.

특히 요즘에는 실력 있는 1인 출판사가 매우 많습니다. 그들은 기존 출판사에서 실력을 인정받으며 일했던 에디터나 마케터가 대부분입니다. 누구보다 현장감이 살아 있고, 주도적으로 일했던 분들이지요. (다 그런 건 아니겠지만) 엄청난 출판 고수들입니다. 더군다나 1인 출판사를 차렸다는 것은 스스로 만들고 싶은 책이 있고, 욕심과 열정이 있다는 걸 의미합니다. 그러므로 그런 출판사와 책을 만드는 것 자체가 저자에게는 굉장히 긍정적인 일이 될 것입니다.

물론 출판사에 마케팅할 자금 여유가 부족하고, 광고비가 넉넉하지 않겠지만, 요즘 세상에 광고만 뻥뻥 크게 한다고 해서 책이 잘 나가는 건 아닙니다. 1인 출판사와 인연이 되었다면 함께 커보자는 욕심을 내보는 것도 좋습니다.

마케팅을 기가 막히게 잘하는 출판사도 있고, 브랜드 충성 독자를 너무나 잘 관리하는 출판사도 있습니다. 원리 원칙에 맞춰서 책을 합리적으로 잘 만드는 출판사도 있으며, 대박은 없어도 거의 모든 책이 중박 수준인 출판사도 있어요.

출판사의 네임밸류에 가치를 둘 것인지, 인간미에 둘 것인지, 담당 에디터와의 소통에 둘 것인지, 디자인에 둘 것인지 등등 잘 생각해보세요.

처음 책을 내는 분들일수록 첫 책을 어느 출판사에서 내는지가 중요합니다. 저 같은 에디터들이 기획을 하고 저자를 찾던 중, 그 사람이 책을 낸 경험이 있다면 그 책을 검토해보기 때문이지요. 책의 판매량을 떠나 그 책이 매우 허접하게 나왔다면 저자에 대한 기대감이 실망으로 바뀝니다. 이 정도 역량만을 가진 저자라고 판단하게 되지요. 그러므로 책의 성공 여부를 떠나 책 자체의 퀄리티를 적정 수준 이상으로 출판해줄 에디터와 출판사를 찾길 바랍니다.

좋은 출판사를 찾아야 하는 이유

에디터인 저에게 "좋은 출판사는 어떤 곳인가요?"라고 묻는다면 저는 늘 이렇게 답합니다.

"책 판매량을 떠나 내가 만들고 싶은 책을 만들게 해주는 출판사!"

그러면 에디터가 아닌 독자 입장에서 좋은 출판사는 어떤 출판사일까요? 독자 입장에서는 언제나 양질의 책을 만들어내는 곳이 좋다고 느끼겠지요. 그럼 저자 입장에서는 어떨까요?

> 깔끔한 편집으로 책을 잘 만들어주는 출판사
> 마케팅을 잘하는 출판사
> 책을 잘 파는 출판사
> 인세를 밀리지 않고 잘 주는 출판사

이 정도면 저자에게 좋은 출판사라고 인정받아야 하지 않을까요? 하나씩 따져봅시다.

깔끔한 편집으로 책을 잘 만들어주는 출판사

말이 출판사지 일 자체는 그 출판사에 속해 있는 에디터가 합니다. 출판사에는 다수의 에디터가 있기 때문에 여러분 원고를 어떤 에디터가 담당하느냐에 따라 결과는 천차만별입니다.

투고를 했더니 덥석 연락이 와 얼싸 좋다 계약할 것이 아니라 여러분 원고를 누가 담당할 것인지, 어떻게 만들 생각인지 잘 들어보는 게 좋습니다. 언제나 강조하지만 좋은 출판사를 만나라는 말은 좋은 에디터를 만나라는 말을 품고 있습니다.

마케팅을 잘하는 출판사

"○○○ 책 홍보하는 걸 SNS에서 봤어요. 그거 보면서 이 출판사에 투고해야겠다고 생각했습니다."

언젠가 저희 출판사에 투고한 분이 이런 얘기를 하였지요. 어디선가 활발히 마케팅을 하는 출판사를 보면, '내 책도 이렇게 해주겠구나.' 하는 기대감이 생길 겁니다. 틀린 말은 아닙니다. 하지만 완전히 들어맞는 말도 아닙니다. 왜냐면 여러분은 보이는 것만 본 것이니까요.

저자들은 오프라인 서점을 돌다가 자신의 책이 없으면 출판사에 다짜고짜 왜 자신의 책을 잘 깔아두지 않았느냐고 묻습니다. 온라인 서점을 살펴보다 왜 자신의 책은 팝업 광고를 안 해주느냐고 묻기도 하고, 이벤트 선물은 안 붙이느냐고 따지기도 하지요. SNS 홍보를 왜 활발히 하지 않느냐고 묻기도 하고, 북트레일러가 없으면 북트레일러가 없다고 하고, 저자 강연회는 안 열어주느냐고 묻기도 합니다.

출판사가 무적이라서 다 잘하면 에디터로서도 너무나 좋겠지만 이 모든 걸 동시다발적으로 다 잘하기는 쉽지 않습니다. 마케팅 이야기는 7장에서 좀 더 자세하게 다룰 테지만 그 출판사가 잘하는 마케팅 영역이 분명 있습니다. 그것과 여러분의 책이 잘 어울리는지 그런 생각으로 출판사를 살펴보기를 권장합니다.

책을 잘 파는 출판사

베스트셀러를 다수 보유하고 있는 출판사는 금전적으로 여유가 있을 겁니다. 출판사에 돈이 많으면 마케팅 비용도 풍족하게 쓰게 될 테지요. 그 출판사 책이 전체 50종이라 한다면 49종이 망하다가(이런 표현 미안합니다만) 한 권 성공해도 겉으로 봤을 때 그 출판사는 책을 잘 파는 것처럼 보입니다. 출판사를 운영하는 분 중에는 "한 권만 터져라!" 하면서 책을 로또에 비유하기도 하니까요.

개인적으로 저는 운이 좋아 한 권이 '빵' 터진 출판사보다는 중박의 도서들이 많이 포진되어 있는 곳이 안정감 있게 잘 꾸려나가는 출판사라고 생각합니다. 대체로 책들을 3쇄 이상 찍고, 1만 부 수준으로 판매된 책들이 다수 있는 곳이면 오히려 더 탄탄할지 모릅니다. 여러분 책도 그 정도까지는 팔아줄지 모르고요.

인세를 밀리지 않고 잘 주는 출판사

마케팅 비용을 잘 쓰니 안 쓰니, 책을 잘 파니 안 파니 따지는 이유는 어찌 보면 저자 인세를 밀리지 않고 잘 줄 곳인지 판단하기 위해서입니다.

실컷 원고를 써서 넘기고 책이 나왔는데, 1~2년 뒤에 출판사가 문을 닫아버리면 그 책은 공중에 뜰 수밖에 없습니다. 인세를 받는 건 둘째 치고, 어렵게 쓴 자신의 원고까지도 묶여버린 채 이도 저도 못 하는 상황에 처할 수 있지요. 어쩌면 이런 이유로 망하지 않을(?) 큰 출판사를 선호하는 건지도 모르겠습니다. 하지만 망하지만 않을 뿐 빚잔치만 벌이는 대형 출판사도 많습니다. 그러므로 비록 작지만 믿음직한 출판사라면 그 출판사와 함께 성장해보겠다 하는 각오를 다지는 것도 좋습니다. 출판 업계에는 이런 선례가 많습니다. 저자도 출판사도 함께 성장하여 계속 합을 맞춰나가는 사례 말이지요. 여러분이 그 주인공이 되지 않으리라는 법은 없습니다.

나쁜 출판사를 피해야 하는 이유

좋은 출판사를 물었던 것처럼 에디터인 제게 "어떤 출판사가 나쁘다고 생각하나요?"라고 묻는다면 저는 이렇게 대답하렵니다.

"늘 빠듯한 일정을 제시하며 독촉하는 출판사, 외주비가 늦게 나가는 출판사, 연차 쓰는 데 눈치를 주는 출판사, 책 판매에 부담감을 주는 출판사, 사고에 대해 책임을 전가하는 출판사!"

이런 내용은 출판사의 속사정이기 때문에 저자인 여러분이 알기는 어렵습니다. 나와는 상관없는 이야기라고 치부해도 괜찮습니다. 그럼에도 불구하고 제가 언급한 이유는 다음과 같습니다.

여러분 책을 담당하는 에디터는 늘 일정에 쫓기고 있습니다. 그런데 출판사 내부적으로 일정을 지키는 것이 강압적인 분위기라면 에디터는 엄청난 스트레스에 시달리겠지요. 매일 야근을 해야 할 수도 있고요. 그런 출판사에서는 에디터가 오래 견디기 힘들 겁니다.

힘에 부쳐 담당 에디터가 그만두고 새로운 에디터가 온 상황이라면, 여러분 원고는 다른 사람 손에 넘어간 셈입니다. 물론 인수인계를 하겠지만 다시 콘셉트 회의를 하고 다듬어나가는 등 조율을 해야겠지요.

문제는 여러분 책을 기획하고 여러분과 계약을 했던 담당자만큼 새로운 담당자는 책에 애정을 갖고 있지 않다는 점입니다. 누군가 그만뒀기 때문에 자신에게 떨어진 원고라고 생각할 수밖에 없지요. 그런데 그렇게 빡센 출판사라면 새로운 에디터도 오래 근무하기 어려울 테지요. 언제든 담당자가 바뀌는 상황이 또 생길 수 있습니다. 책은 원고를 던져주자마자 바로 나오는 게 아니라 몇 개월 씩 걸려 나오는 것이니까요. 담당자가 2~3명씩 바뀌었다고 속상해 하는 저자들의 이야기가 전혀 희귀한 상황은 아닙니다.

마찬가지 이유로 연차 쓰는 데 눈치를 주거나 책 판매에 부담감을 주거나, 사고에 대해 책임을 전가하는 출판사는 피하라는 겁니다. 에디터가 견디기 힘들어 자주 바뀔 수 있으니 말이죠.

일정에 무리하게 쫓기는 상황이 안 좋은 이유는 또 있습니다. 책이 되기 직전의 교정지 상태의 원고는 보고 또 보고, 또 볼수록 수정하고 다듬어집니다. 무한정 그렇게 할 수는 없지만, 물리적인 시간은 분명 필요합니다. 일정에 쫓기면 그만큼 놓치는 것도 많아지게 됩니다.

그리고 외주자나 저자에게 비용을 지불하는 건 출판사지만 그들과 다이렉트로 소통하는 건 에디터입니다. 사람 사이에서 가장 어려운 이야기가 '돈'과 관련된 것이지요. 저는 비용 지급이 늦어지면 마치 제가 그들에게 빚을 지는 느낌이었어요. 그 정도로 부담이었습니다. 출판사에는 수많은 외주 인력이 필요한데, 계속 작업비가 늦어지면 에디터 마음이 무거워지는 것을 떠나 외주자 분들도 이런 생각을 하겠지요. '이 출판사는 늘 돈을 늦게 주잖아?'

저라면 다시는 일을 안 하든가, 지급을 꼬박꼬박 잘해주는 출판사와만 일을 할 겁니다. 실컷 작업해주고 돈을 못 받는 상황은 프리랜서에게 치명적이니까요. 훌륭한 외주 인력이 함께 일하지 않는 출판사라면 여러분 책도 그런 분들의 손을 거칠 수 없다는 걸 의미합니다.

구구절절 나쁜 출판사에 대해 써놓긴 했지만 이런 곳을 피하는 건 여러분 입장에서 분명 어려운 일일 겁니다. 사실 에디터에게도 어려운 일입니다. 직접 일을 해봐야 아는 사정들이니까요. 그럼에도 나쁜 출판사는 되도록 피하시기 바랍니다.

출판사는 대체로 개인사업체이기 때문에 대표가 어떤 사람인지에 따라 출판사 경영 분위기가 다릅니다. 만났던 에디터가 이상한 건 추후 이직의 가능성이 있으니 그 출판사에 대해 오해할 필요가 없지만, 대표가 이상하다면 출판사도 이상할 확률은 거의 99.9%입니다. 업계에는 이상하기로 소문이 자자한 출판사가 꽤 많습니다. 에디터들이 3개월도 못 견디고 바뀌고 또 바뀌는 기피 출판사가 있지요. 하지만 그들이 망하지 않는 건 여러분처럼 좋은 저자들이 자꾸만 투고를 해서입니다. 좋은 저자가 없고, 그래서 잘 나가는 책이 없고, 그렇게 나쁜 짓을 하면 망한다는 걸 출판사도 알아야 하는데 자꾸만 좋은 원고가 들어오는 거죠. 이제는 잘 살펴본 뒤 투고하세요. 출판계를 정화하는 일에 저자인 여러분도 일조할 수 있습니다.

　예비저자가 가장 많이 궁금해하는 부분이 '출판사에 어떻게 연락하면 되나?' 하는 것입니다. 대부분의 출판사 홈페이지에는 '투고'를 할 수 있는 코너가 있습니다. 메일로 받는 출판사도 있고, 전혀 제시되어 있지 않은 출판사도 있지요.

　무작정 출판사로 원고를 보낼 것이 아니라 자신이 내고자 하는 책이 어떤 분야에 속할지 먼저 고민한 후에 그 분야의 책을 '잘' 출판하는 출판사를 찾는 게 중요합니다. 따라서 자신이 내고자 하는 책을 어떤 분야의 출판사에서 내면 좋을지 결정한 다음 일차적으로 그 분야의 출판사들을 알아보세요. 그 후에 각 출판사 홈페이지로 가서 '투고' 시스템을 이용해서 보내거나 연락처가 나와 있지 않다면 전화를 걸어 말하는 겁니다.

　"투고하고 싶은 원고가 있는데, 편집부 메일 주소 하나 알려주실 수 있을까요?"

받는 사람 메일 주소가 50개

'나의 이 귀한 원고를 어디든 한 군데만 알아봐다오.' 하는 여러 분의 간절한 마음을 모르는 바 아니지만, 받는 사람 목록에 온갖 출판사 이메일 주소가 다 찍혀 있으면 묘한 기분에 사로잡힙니다.

먼저, 최소한의 예의도 없구나 하는 생각부터 듭니다. 아무리 귀 찮더라도 출판사 한 군데씩 구분해서 보내기 바랍니다. 기업에 이력 서를 보낼 때에는 같은 이력서를 보내더라도 여러 기업을 받는 사 람 주소 칸에 주루룩 달아서 동시에 보내지는 않을 것입니다.

30~50곳의 단체메일 속 한 출판사로 원고를 받아 들면 진지하 게 검토할 마음이 사그라듭니다. 저는 이렇게 다수의 출판사에 보 낸 메일에는 답장을 하지 않습니다(정말 괜찮은 원고면 한시라도 빨리 연락을 취하겠지만). 최소한 답장이라도 하는 게 예의 아니냐고 물을 수 있겠지만 메일을 열어본 저로서는 이런 생각이 듭니다.

'내가 답장을 하든지 안 하든지 별로 신경 쓰지 않을 것 같네?'

'내가 보내든 안 보내든 이분도 모를 것 같아.'

그들이 메일을 보낸 출판사 리스트를 모두 기억하고 있을까요? 저는 아니라고 봅니다. 그저 한 군데만이라도 연락이 오면 좋겠다 는 심정 아닐까요?

투고는 메일로 충분합니다

간혹 출판사로 전화를 걸어와 투고할 원고가 있는데 직접 만나서 설명하겠다고 하는 경우가 있습니다. 먼저 기획안과 원고를 보내라고 해도 만나서 설명해야 한다고 고집을 피우지요. 정말 부담스러운 상황입니다.

첫째, 에디터들은 여러분이 생각하는 것 이상으로 업무에 치여삽니다. 미팅과 회의가 많을뿐더러 잡무도 상당해 집중해서 편집일에 몰두할 시간이 언제나 턱없이 부족합니다. 불쑥 생겨버린 미팅은 당연히 부담스러울 수밖에 없습니다.

부담스러운 이유 두 번째는 미리 자료를 보지 않으면 해줄 얘기가 없기 때문입니다. 기획안이나 원고를 먼저 본 뒤 그것에 대해 피드백을 주는 건 어찌어찌 하겠지만, 단순히 책을 내고 싶어서 찾아온 사람에게 어디서부터 어디까지 이야기를 해줘야 할지 난감할 따름입니다.

이 책 좀 보세요. 책을 내고 싶은 사람에게 에디터가 해주고 싶은 이야기가 이렇게 한 권 분량인걸요!

님아 기다려주오

출판사를 선택하고 진행하는 건 저자 마음이지만 내 원고를 책으로 만들어준다는 제안 자체가 기쁘다고 해서 성급하게 결정하지 마세요. 두고두고 후회하는 경우를 여러 번 보았습니다. 계약을 했다가 파기하는 경우도 종종 보았고요.

여러분이 쓴 원고가 워낙 매력적이라 보낸 출판사마다 연락이 온다면 그중에서 몇 군데 미팅을 가져보는 것이 좋습니다. 에디터와 만나서 얘기를 나눠본 뒤 계약을 해도 늦지 않습니다.

출판사를 선택할 때 여러분이 고려해야 할 사항은 매우 많습니다.

> 책을 언제쯤 출간하는 게 좋을지
> 계약조건은 어떠한지
> 내 기획과 원고에 대한 에디터의 생각은 어떤지

다양한 상황을 고려해서 내 책을 가장 잘 만들어주고 잘 팔아줄 출판사와 계약을 하면 됩니다. 가끔 금요일에 받은 투고메일을 월요일에 확인하고 그날 오후에 연락을 했는데, 이미 다른 출판사와 계약하기로 했다는 이야기를 들을 때가 있습니다.

저의 게으름을 탓해야 하겠지만, 한편으로는 '결정을 정말 빨리 하셨구나.' 하는 생각도 들지요. 아니나 다를까, 몇 주가 지난 뒤 다시 연락이 와서 "혹시 아직까지 제 원고를 긍정적으로 생각하고 계신가요? 가능하다면 이 출판사와 계약을 파기하고 거기서 내고 싶어요."라는 분들도 있습니다. 진행하면서 에디터와 원고 방향에 대해 의견 조율이 잘 안 되어 부딪친다는 게 이유였습니다. 하지만 출판사와의 관계 문제도 있고 어쨌든 계약을 파기하고 다시 해야 하는 문제라 (모든 문제를 감수할 정도로 매력적인 원고가 아니라면) 선뜻 내키지 않습니다.

어차피 책을 내는 여정은 길고도 깁니다. 몇 개월의 여정에서 1~2주 늦게 시작한다고 해서 큰일이 일어나거나 하지 않습니다. 출판사를 결정할 때 조금 더 신중하게 생각하고 진행하세요.

믿으라! 거절 메일을

이 책에서도 여러 번 언급했듯이 하루에도 십수 개의 투고메일이 들어옵니다. 들어온 기획안과 원고를 보고 에디터는 판단합니다.

거절 메일을 받았음에도 설득을 목적으로 '왜 거절하는지 이유

를 알려달라'고 하는 건 에디터에게 너무 무리한 일을 요구하는 셈입니다.

당신의 커리어가 좀 약한 것 같다, 원고의 퀄리티가 안 좋다, 이런 책은 나와도 안 팔릴 것 같다는 말을 당사자에게 건네기는 어렵습니다. 그래서 둘러대지요.

"저희 출판사의 기획 방향과 맞지 않아서…."

자기 원고의 어떤 점이 문제인지 좀 알려달라고 하는 분들도 있고, 수정을 해서 또 보내고 또 보내고 하는 분들도 있습니다. 에디터가 거절한 이유는 저마다 구체적으로 있겠지만 두루뭉술하게 표현하는 것 역시 이유가 있습니다.

어쨌든 에디터는 한 개인에 불과하고 에디터마다 가진 생각이 다르니까요. 우리나라에는 수많은 출판사가 있고, 나는 아니라고 생각하지만 이 원고가 괜찮다고 생각하는 곳도 분명 있을 수 있습니다. 그래서 열린 결말로 답장을 쓰곤 합니다.

어떤 출판사에서 거절 메일을 받았다면 집요하게 매달릴 게 아니라 받아들이도록 하세요. 애쓰는 만큼 다른 결과를 가져오지는 않습니다. 그 에너지를 다른 출판사를 찾는 데 쓰는 게 훨씬 유리합니다.

수정에 대한 의지

투고 들어온 원고가 있었습니다. 그 분야에서는 인지도 있는 저자에다 주제 역시 매우 좋았습니다. 그런데 마치 논문처럼 너무 딱딱하게 집필했고, 관련 자료도 보기 불편하고 이해하기 어려웠습니다. 만약 다시 쓰다시피 수정을 한다면 좋은 원고로 탈바꿈되겠다 기대가 되는 원고이기도 했지요.

저는 이 원고에서 가능성을 보고 저자분께 제가 느낀 바를 설명하고 수정에 대한 의지를 여쭤보았습니다. 화를 내시더군요. 완벽한 자신의 원고를 수정할 생각이 없고, 만약 있다고 하더라도 어떻게 하라는 말인지 잘 모르겠으니 저에게 수정을 해서 한번 보여달라고요.

원고를 다시 만져달라는 요청도 황당한데, 아직 계약도 하지 않은 원고를 제가 그렇게까지 해야 할 이유가 있겠습니까? 지금으로부터 2년 전 일인데, 아직까지 그분의 원고가 책으로 나오지 않은 것으로 보아 수정할 의지가 여전히 없나 봅니다.

한번은 이런 일도 있었습니다. 투고 들어온 원고가 주제도 흥미롭고 원고 내용도 좋았습니다. 그런데 원고 전반에 흐르는 콘셉트가 살짝 아쉬웠습니다. 어떻게 어떻게 수정하면 괜찮아질 것 같아서 저자분과 미팅을 할 때 솔직히 말씀드렸어요. 차근차근 이야기를 듣던 그분 또한 제게 솔직하게 말하더군요.

"사실 다른 출판사 몇 군데와 미팅을 했고, 다들 긍정적으로 봐주셨어요. 그런데 이렇게 수정에 대해 디테일하게 피드백을 준 에디터는 없었습니다."

그러면서 우리와 책을 내고 싶다고 말했지요. 자신이 생각하지 못했던 아쉬운 부분에 대해 알려주어 고맙다는 말도 덧붙였고요.

여러분이 보낸 초고는 초고일 뿐입니다. 초고 그대로 책이 나오는 경우는 거의 없습니다. (그런 신의 원고가 있다면 꼭 제게 투고해주세요.) 원고를 투고할 때에는 수정할 수도 있겠다는 생각을 가져야 합니다. 그리고 원고에 대해 애정 깊게 살펴보기 시작한 에디터를 믿어주기 바랍니다.

가끔 이렇게 묻는 사람들이 있습니다.

"책을 출간할 때 출판사에 돈을 얼마나 줘야 하나요?"

출판사마다 계약에 대한 조건이 매우 다르긴 하지만 여러분이 방문한 그 출판사가 돈을 요구한다면 미련 없이 문을 박차고 나오기 바랍니다.

기본적으로 저자는 저작권자로서 계약금 형태의 선인세를 받고, 추후 판매에 따른 인세를 받습니다. 출판사는 출판에 대한 권리를 얻고 책을 성실히 만들어서 판매하는 형태이지요. 이런 관계에서 저자가 출판사에 돈을 지급할 일은 없습니다.

저자와 출판사는 책을 내기 전에 '계약서'를 쓰게 됩니다. 계약서는 출판사마다 다르긴 하지만, 대략적인 내용이라도 보고 싶다면 문화체육관광부 사이트에 공시된 표준계약서를 살펴보세요(5장 끝에 링크를 소개합니다). 계속해서 강조하지만 출판사마다 계약서 내용이 다르기 때문에 공시된 표준계약서는 감을 익히는 데만 이용하는 것이 좋습니다.

출판사 계약서 중 어떠한 조항이 마음에 안 든다고 해서 담당 에디터에게 우기고 항의를 한다고 해도 어쩔 수 없는 경우가 대부분입니다. 문구를 조금씩 수정하는 등 '조율'을 할 수는 있겠지만, 한 명의 저자를 위해서 계약서 조항을 일일이 뜯어고치는 건 출판사로서도 난감한 일입니다.

계약서 문구를 처음 보면 왠지 모르게 두렵고, 큰일이 날 것만 같습니다. 그도 그럴 것이 계약서는 언제나 '최악의 상황'을 염두에 두고 만든 조치인 셈이니까요.

선인세는 뭐고 계약금은 뭐여?

여러분이 출판사와 계약을 하면 기본적으로 '선인세'라는 용어를 듣게 될 겁니다. '계약금'이라고도 하지요. 즉 같은 걸 의미합니다.

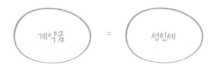

말 그대로 계약을 하면서 출판사가 저자에게 지급하는 비용이

계약금입니다. 다만 선인세라고도 부르는 건 이 금액이 저자가 가져가는 전체 인세금액에서 먼저(선先) 빠지기 때문입니다.

> 계약할 때 받은 선인세(계약금) 100만 원
> 정산해줘야 할 인세금액 500만 원이라면
> 첫 인세 정산의 실제 지급액은 500-100=400만 원

선인세가 전혀 없는 곳도 있고(이해가 되지 않지만 있다고 하더군요), 50만 원, 100만 원 등 거의 50만 원 단위로 오르락내리락하는 형태입니다. 대체로 100만 원이 가장 평균적입니다. 간혹 천만 원 이상 단위를 요구하는 저자들도 있습니다. 연예인이랄지, 이름만으로 판매가 보장된 유명 저자의 경우 그렇습니다.

출판사가 돈이 많다면 얼마를 주든 저자 입장에서는 많이 받을수록 좋겠지요. 하지만 초기 선인세로 출판사 지출이 크면 판매부담도 크게 느끼게 됩니다. 그리고 선인세 금액이 큰 만큼 저자분들도 책임감을 가지고 홍보에 애써주어야 하는데, 선인세만 받고 책이 나온 뒤 나 몰라라 하는 유명인들도 있습니다. 업계에서는 '선인세 먹튀'라고 부르지요. 전혀 없는 일이 아닙니다.

이런 인세, 저런 인세

인세는 저자에 따라 천차만별입니다. 보통 7~10% 선입니다. 처음 책을 내는 분들 인세는 7~8%로 고정시킨 출판사도 있고, 저자가 가진 마케팅 능력에 따라 10%까지 올리는 경우도 있습니다.

배우들이 영화 흥행 정도에 따라 차등적으로 받는 러닝개런티처럼 인세를 그렇게 지급하는 곳도 있습니다. '1만 부 판매까지는 8%, 1만 부에서 2만 부 판매까지는 9%, 2만 부 이상은 10% 지급!' 이런 식입니다.

요즘에는 주변에 책을 출간한 사람 찾기가 쉽지요. 친구, 혹은 친구의 친구, 매일 보던 SNS 인플루언서 등 "○○출판사와 인세 몇 %로 계약했어?" 알아보는 일쯤이야 식은 죽 먹기 아닌가요? 그래서인지 요즘에는 거의 인세 8% 혹은 10%로 맞춰지고 있는 분위기입니다만, 남들이 10% 받는다고 나도 10% 받아야 할 이유는 없습니다. 이를 판단하는 건 철저히 출판사의 몫입니다.

책을 출간한 경험이 있거나 늘 강연을 다니는 분이라든가, 이름만 들어도 아는 유명인인 경우 인세 %가 다르기 때문에 여러분이 가진 SNS 홍보력 역시 인세를 조율하는 데 긍정적인 영향을 줍니다.

인세는 도서 정가의 % 금액으로 생각하면 됩니다.

인세율이 10%라면
책 1권 판매될 때마다
저자의 인세금액은 1,500원

책 정가
15,000원

다시 말해 한 권 팔리면 1,500원, 100권이 팔리면 15만 원, 1,000권이 팔리면 150만 원, 10,000권이 팔리면 1,500만 원인 셈이지요. 자, 이제 10만 부 판매일 때 얼마이고, 100만 부 판매될 때 얼마인지 계산기를 두드려봅시다!

전자책 인세에 목숨을 걸어도 되나

전자책 인세를 말하기 전에 제가 여러분께 확실히 말할 수 있는 건, "여러분이 생각하는 것만큼 전자책은 잘 팔리지 않습니다."입니다. 우리나라에서는 아직도 전자책 매출이 종이책 매출의 10% 정도에 불과합니다. 물론 몇몇 도서는 전자책이 유리한 경우도 있습니다만, 종이책 판매량을 넘어선 전자책은 거의 없을 거예요.

언뜻 생각했을 때, 전자책은 한번 만들어두기만 하면 되는데 왜 이렇게 인세를 적게 주는 건지 저자 입장에서는 의아할 수 있습니다. 그런데 이 또한 조목조목 따지고 보면 조항에 목숨 걸 필요가 없다는 생각이 절로 들 것입니다.

여러분 앞에 전자책 조건이 다른 A, B, C 출판사가 있다고 해봅시다.

전자책의 정가는 종이책 정가의 대략 70% 선에서 정해지는 추세입니다. 예를 들어볼까요?

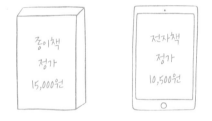

여러분은 단순히 1만 500원으로 판매되는 전자책 한 권의 이익이 모두 출판사로 떨어지는 것이라고 생각할지 모릅니다. 하지만 전자책을 유통할 때에는 유통사 마진, 전자책 전문 유통사 마진, 패키징 비용 등이 빠집니다. 통상적인 금액 수준으로 계산해보죠.

전자책
10,500원

유통사 마진(평균 30%) : 3,150원
전자책 전문 유통사 마진(평균 5%) : 525원
DRM 패키징(평균) : 200원
순수익 = 6,625원

A의 '순이익'이라는 말이 모호하여 B가 더 괜찮은 조건이지 않나 하는 생각이 들지도 모르겠어요. 하지만 실제로 계산해보면 (모든 책이 그렇진 않지만) 예상과는 다르다는 것을 알 수 있습니다. 이 경우 저자에게 A의 조건인 출판사는 전자책 인세가 한 권 당 약 1,656원입니다. B의 조건인 출판사에서는 종이책 인세가 권당 1,500원이니, 전자책 인세도 같은 비율로 1,500원이 될 테고요.

C의 조건은 출판사가 % 앞에 어떤 숫자를 넣느냐에 따라 다릅니다. 대체로 15~20% 선입니다. 위 사례를 보면 15%일 때 1,575원, 20%일 때 2,100원이 되겠지요. 그런데 터무니없이 전자책 인세를 높게 책정해놓는 출판사도 있습니다. 전자책은 많이 팔릴 일이 없을 거라 생각해서인지, 어떻게 그 비율이 나오는지 저로서는 도무지 이해할 수 없는 수치를 붙여놓은 곳도 있긴 있더군요. 실제로 첫 책의 전자책 인세 비율이 ○○%였다고, 계약서 조건이 마음에 들지 않는다고 조율해달라 우기는 저자를 만난 적이 있습니다. 결국 어떻게 되었냐고요? 계약하지 않았습니다. 팔릴 때마다 손해를 보게끔 해서 계약을 '반드시' 성사시킬 이유는 없으니까요.

인세를 지급하는 시기

인세를 지급하는 방식과 시기야말로 출판사마다 매우 다르고, 도서 분야에 따라 다릅니다. 소설이나 시를 출간하는 문학 쪽 출판사의 지급 형태, 경제경영, 실용 출판사의 지급 형태도 다르지요.

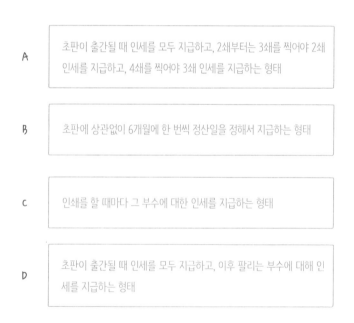

A 초판이 출간될 때 인세를 모두 지급하고, 2쇄부터는 3쇄를 찍어야 2쇄 인세를 지급하고, 4쇄를 찍어야 3쇄 인세를 지급하는 형태

B 초판에 상관없이 6개월에 한 번씩 정산일을 정해서 지급하는 형태

C 인쇄를 할 때마다 그 부수에 대한 인세를 지급하는 형태

D 초판이 출간될 때 인세를 모두 지급하고, 이후 팔리는 부수에 대해 인세를 지급하는 형태

예를 들어 설명해볼게요.

계산하기 쉽게 정가가 1만 원, 인세가 10%라고 해봅시다. 그리고 선인세는 100만 원이라면, 계약 후 저자는 이 금액을 바로 받습니다. 한 권이 판매될 때마다 1,000원이 인세로 적립되는 식이고요.

정가
10,000원

인세 10%
선인세 1,000,000원
초판 및 재쇄 2,000부 단위

A의 경우

권당 인세가 1,000원이고 초판부수가 2,000부라 하니 초판 인세는 200만 원입니다. 여기서 선인세를 빼야 합니다.

이후 2쇄를 찍고 3쇄를 아직 못 찍었다면 더 이상 받을 수 있는 돈이 없는 셈이지요. 만약 4쇄를 찍었다고 하면 3쇄까지의 비용을 모두 받게 되고요.

단순하게 계산했을 때 초판으로 받는 인세 100만 원, 2쇄 인세 200만 원, 3쇄 인세 200만 원입니다만, 4쇄를 찍었을 경우라야 저자는 500만 원을 받는 셈입니다.

B의 경우

6개월에 한 번씩 정산하는 경우, 대체로 그해 1~6월까지 판매된 부수를 정산해서 한 차례 지급, 7~12월까지 판매된 부수를 정산해서 한 차례 지급됩니다. 따라서 출간되자마자 저자가 받을 수 있는 금액은 없습니다. 다만 6개월에 한 번씩 팔리는 부수에 따라 인세를 받게 되니 언제 인세가 들어오는지 어느 정도 예측할 수 있다는 장점이 있습니다.

C의 경우

출판사 입장에서는 책을 찍을 때마다 인세가 나가야 하니 부담스럽지만 저자로서는 가장 좋은 형태라고 할 수 있겠지요. 다만 출판사는 책을 찍으면 바로 인세를 지급해야 하므로 좀 더 보수적으로 책을 찍지 않을까 생각됩니다.

D의 경우

가장 바람직한 경우라고 생각합니다. 초판에 대해서는 일단 모두 인세를 지급한 뒤에, 이후로는 판매에 따라서만 인세를 정산하는 거죠. 출판사로서는 초판조차 다 팔리지 않으면 고스란히 손해이지만, 저자 입장에서는 본인이 쓴 원고에 대한 최소한의 대접(?)을 받게 되는 셈입니다.

기타

보기에는 없지만 기타 형태도 많습니다. 매절 형식으로 인세 계약이 아닌 통으로(한 권에 얼마) 계약할 수도 있고요. 1년에 한 번씩 인세 정산을 하는 곳도 있고, 1개월마다 혹은 3개월마다 정산해주는 곳도 있습니다.

어떤 계약이든 장단점이 있으나 기본적으로 출판사의 지급 방식을 저자에 따라 바꾸지는 않습니다(여러분이 10만 부, 100만 부의 판매를 이미 이룩해본 저자가 아닌 이상). 해당 출판사와 계약하기 위해 여러분은 제시한 지급 방식을 따를 수밖에 없을 겁니다.

알아두어야 할 변수

제가 예시로 설명했듯이 금액이 저렇게 깔끔하게 떨어지는 형태면 얼마나 좋겠습니까. 하지만 출판사에는 팔리지 않고 깔려 있는 유통부수라는 게 있습니다.

여러분 책을 서점에 탑처럼 쌓아두었다 하더라도 팔리지 않으면 고스란히 반품이 됩니다. 그건 서점에 깔려 있되 '팔리지 않은' 부수이지 '판매된' 부수라고 할 수 없습니다. 각 오프라인 서점마다 책이 다섯 권씩 쌓여 있다고 생각해보세요. 전국에 서점이 얼마나 많은지 아시죠? 그 책들이 팔리지 않고 다시 출판사 물류창고로 들어오면 어떤 사태가 벌어질까요?

한번 손때 묻은 도서를 어떻게든 살려보려고 지우개로 때를 지우고(잠시만요, 눈물 좀 닦고 올게요), 구겨진 띠지를 벗겨내고 여분으로 만들어둔 새로운 띠지로 갈아끼우기도 합니다. 그러면서도 소생시키지 못한 책들은 파본으로 처리하게 되지요. 따라서 팔리지 않는 책을 무조건 서점에 많이 깔아둔다고 해서 좋은 일은 아닙니다. 출판사는 언제나 반품 부담을 가지고 있으니까요. 그래서 현재 창고에 책이 조금밖에 없더라도 반품 들어올 시기를 봐가면서 재쇄를 찍게 됩니다.

기본적으로 창고에 쌓여 있는 재고 외에 서점에 깔려 있는 유통재고(유통되었지만 판매되지 않은 도서, 곧 반품 들어올지 모르는 도서)가 있으므로 출판사가 파악할 수 있는 도서 부수는 다음과 같습니다.

인쇄부수	책을 몇 부 찍었는지
출고부수	책을 서점에 몇 부 내보냈는지
반품부수	책이 출판사로 몇 부 반품되었는지
판매부수	책이 몇 부 팔렸는지(단, 집계가 가능한 서점)

여기서 판매부수를 헷갈리면 안 됩니다.

출판사에서 정확히 파악할 수 있는 판매부수는 교보문고 온·오프라인 부수와 영풍문고 오프라인 판매부수, 여러분이 알고 있는 온라인 서점(예스24, 알라딘, 인터파크 등)에서 판매되는 부수입니다. 판매집계 시스템이 갖춰진 이러한 서점의 경우 출판사마다 고유 아이디가 있어서 매일 '우리 출판사의 어떤 책이 몇 부 팔렸는지'

확인할 수 있습니다.

하지만 온라인 서점과 교보문고, 영풍문고를 제외하더라도 전국에는 수많은 서점이 있지요. 그런 작은 서점에서는 출판사와 직거래를 하기보다 도매점을 거쳐 책을 가져가기 때문에 일일이 전화해서 물어보지 않는 이상 하루하루 몇 부씩 팔리고 있는지 알 수 없습니다. 다만 도매점에서 오늘도 300부, 이틀 뒤에도 200부 이런 식으로 책을 주문하면 '이런 속도로 판매되고 있구나' 짐작을 하는 식이지요. 수치를 넣어 다시 설명해볼게요.

출고된 부수 중에 500부는 확실히 판매된 부수고, 이 부수를 뺀 나머지 700부가 출고는 되었지만, 팔렸는지 안 팔렸는지 확인할 수 없는 경우입니다(출판사 창고에는 1,800부의 책이 잠자고 있고요).

다 팔렸다고 보기에는 출판사 입장에서 반품 부담이 생기는 거고, 안 팔린 부수라고 보기에는 저자 입장에서 의아할 수 있습니다. '책은 계속 찍어대고 있는데, 왜 인세가 적지?'

출판사는 나름대로 유통부수를 고려해서 인세를 지급합니다.(유통부수를 빼지 않고 순수 출고부수에 대해서 인세를 정산하는 곳도 물론 있습니다.) 유통부수 비율은 출판사마다 정해진 기준이 다르지만 대체로 10~30% 선으로 형성되어 있습니다. 유통부수 비율을 20%라고 한다면 출고부수 1,200부 중 20%, 즉 960부만 판매된 부수라고 보는 거죠.

저자들은 자신의 책이 하루하루 몇 부씩 팔리는지 매우 궁금해하지만, 출판사에서 정확히 말씀드릴 수 있는 건 출고부수와 판매집계 데이터를 제공하는 몇몇 서점의 판매부수밖에 없답니다.

덧붙여 책이 출간되면 출판사에서 홍보용으로 기자들이나 기타 등등 홍보매체에 책을 배포하게 되는데, 이런 홍보부수는 인세에서 빠집니다. 다만 출판사에서는 인쇄부수의 10% 이상을 홍보용으로 뿌릴 수 없게 돼 있습니다.

출판사가 돈 많이 벌 것 같죠?

최근 "책값 2만 원 시대… 더 팍팍한 문화생활"이라는 제목의 기사를 보았습니다(《헤럴드경제》 2018년 4월 17일자). 평균 책 정가가 2015년 1만 7,958원이었다가 2016년에는 1만 8,060원, 그리고 지난해 2만 645원으로 올랐다는 이야기였습니다. 기사 아래에는 댓글 전쟁이 났더군요. 도서정가제는 폐지되어야 한다는 이야기부터 출판사는 도둑들이라고 씩씩대는 악플도 있었지요.

보통 책 가격의 30~40%가 유통마진으로 빠집니다. 예를 들어 1만 원짜리 책을 60%(평균)으로 서점에 출고한다면 한 권당 6,000원을 받고 넘기는 셈이죠.

정가의 25~35%는 제작비로 빠집니다. 유통물류비가 10%, 영업비가 5~10% 정도인데, 이 금액들을 최저로 계산했을 때 제작비 2,500원, 유통물류비 1,000원, 영업비 500원, 총 4,000원이 빠집니다. 그럼 한 권에 2,000원이 남게 되지요. 저자 인세가 10% 정도라면 출판사에 남는 이익도 10% 수준입니다.

정가
10,000원

10,000원
- 4,000원(유통마진 30~40%: 40%라고 했을 때)
- 2,500원(제작비 25~35%: 25%라고 했을 때)
- 1,000원(유통물류비 10%)
- 500원(영업비 5~10%: 5%라고 했을 때)
- 1,000원(저자 인세 8~10%: 10%라고 했을 때)

1,000원(딱 남는 금액)

종이값이나 인쇄비는 나날이 오르고 있고, 코팅 등의 후가공 단가 역시 마찬가지입니다. 마케팅 비용을 써야 할 홍보채널은 점점 많아지고, 가끔 굿즈를 제작해서 사은품으로 써야 할 때도 있지요.

저자들은 책 한 권 팔리면 자신들의 인세를 제외하고 출판사가

다 꿀꺽하는 줄 알지만 현실은 그렇지 않습니다. 저자가 가져가는 금액과 별반 차이 나지 않습니다.

이런 결과가 나오는 것은 출판계가 가지고 있는 고질적인 수금 체계 때문이기도 합니다. 출판사 또한 이러한 문제에 대해 인지하고 있지요. 서점의 유통마진을 줄여나가기 위한 운동을 하는 곳도 있고요. 하지만 출판사는 서점이라는 창구가 없으면 책을 팔 수 있는 공간 자체가 없기 때문에 어찌 보면 서점과의 관계에서 언제나 '슈퍼 을'일 수밖에 없습니다.

요즘에 '갑질'이라는 말이 유행처럼 번지고 있어서 계약서상의 '갑'들도 부담스러워하는 분위기죠? 출판사와 계약을 할 때, 저자는 '갑'이 됩니다. (갑질을 하라는 말이 절대 아닙니다!) 저자가 갑, 출판사가 을로 설정이 되어 있고, 기타 관련자들이 함께 들어가는 경우 병, 정까지 표기된 계약서도 있지요.

전세나 월세, 매매 계약서를 써본 사람들은 알겠지만 계약서라는 것은 읽어도 읽어도 무슨 말인지 이해가 잘 안 되고, 읽다 보면 왠지 내가 손해인 듯한 기분에 휩싸입니다. 여러분이 계약서를 받아 들고 정말 그런 생각이 든다면 편하게 담당 에디터에게 조목조목 물어보면 됩니다. 에디터 역시 계약서 문항이 뭘 의미하는지 알고 있어야 하지요.

기본적으로 저자는 '저작권자', 출판사는 '출판권자'가 됩니다.

그래서 계약서는 대체로 '출판권 설정 계약서'와 같은 형식의 제목을 달고 있습니다. 문화체육관광부 표준계약서 자료실을 보면 다양한 형태의 출판 표준계약서를 볼 수 있습니다. 그중 가장 일반적인 형태인 계약서(2015년 3월을 기준으로 게시된 표준계약서 중 출판권 설정 계약서) 기준으로 간단히 살펴보겠습니다.

- 출판권의 설정
- 출판권의 등록
- 배타적 이용
- 출판권의 존속기간 등
- 완전원고의 인도와 발행 시기
- 저작물의 내용에 따른 책임
- 저작인격권의 존중
- 교정
- 저작물의 수정증감 및 비용부담
- 저작권의 표지 등
- 정가, 판형, 제책방식 등
- 계속 출판의 의무
- 저작권사용료 등
- 선급금
- 갑에 대한 증정본 등
- 2차적저작물 및 재사용 이용허락
- 전집 또는 선집 등에의 수록
- 저작재산권, 출판권의 양도 등
- 판면파일의 매수 요청
- 원고의 반환
- 계약 내용의 변경
- 계약의 해지 또는 해제
- 출판권 소멸 후의 배포
- 재해, 사고
- 비밀 유지
- 개인정보의 취급
- 계약의 해석 및 보완
- 분쟁의 해결

보기만 해도 머리가 지끈지끈 아프겠지만 말이 어렵게 되어 있을 뿐이지, 이해를 하면서 보면 의외로 쉽습니다. 사실 표준계약서가 게시된 문화체육관광부의 자료실에서 이 내용을 조목조목 해설한 해설집도 무료로 볼 수 있습니다(이번 장 마지막에 사이트를 소개합니다). 따라서 계약서를 100% 이해해보고 싶으면 사이트에 가서 해설집을 읽어보면 됩니다. 저는 '저자로서 이 정도만 이해하면 된다' 하는 수준으로 설명해보려 합니다.

계약서 조항 살펴보기

출판권의 설정

> ① 갑은 을에게 위에 표시된 저작물(이하 '위 저작물'이라고 함)에 대한 출판권을 설정한다.
>
> ② 제1항의 규정에 따라 을은 위 저작물을 원작 그대로 출판할 수 있는 독점적이고도 배타적인 권리를 가진다.

말 그대로 출판권을 설정하겠다는 공표를 하는 것입니다. "출판사(을)가 저자(갑)의 저작물을 출판할 수 있다!"라고 말이지요.

출판권의 등록

① 저작권법에 따라 을은 위 저작물에 대한 출판권 설정 사실을 한국저작권위원회에 등록할 수 있다.

② 제1항에 따라 을이 출판권 설정등록을 하는 경우 갑은 등록에 필요한 서류를 을에게 제공하는 등 이에 적극 협력하여야 한다.

출판사가 저자에게 요청하는 서류가 있다면 제공해달라는 말이지만 사실상 많지는 않을 겁니다. 주민등록증 사본이나 통장 사본 등이 될 수 있겠지만 이조차 생략하는 출판사도 꽤 많습니다. 저자가 그다지 신경 써야 할 문구는 아닙니다.

배타적 이용

① 갑은 이 계약기간 중 위 저작물의 제호 및 내용의 전부와 동일 또는 유사한 저작물을 별도로 출판하거나 제3자로 하여금 출판하게 하여서는 아니 된다.

② 갑은 이 계약기간 중 을의 사전 동의 없이 위 저작물의 개정판 또는 증보판을 직접 발행하거나 제3자로 하여금 발행하도록 하여서는 아니 된다.

이 부분은 여러분이 확실히 인지하고 있어야 합니다. 현재 출판사와 A라는 주제의 책을 쓰기로 계약을 해두고, 다른 출판사와 같은 주제로 쓴 원고를 계약하거나 A-1, A-2와 같은 유사한 형태의 출판물을 내면 안 됩니다.

예를 들어 제가《출판사 에디터가 알려주는 책쓰기 기술》이라는 책을 카시오페아 출판사와 계약을 해두고, 다른 출판사와《북에디터의 책쓰기 비법》과 같은 책을 낼 수 없다는 의미입니다. 또한 계약기간 내에 좀 더 내용을 보강하여 개정판 또는 증보판을 내고 싶다면 무조건 기존 출판사의 사전 동의를 받아야 하고, 동의를 받지 못한다면 낼 수 없습니다.

간혹 저자들이 유사한 제목이나 내용을 담아 기존 출판사 동의 없이 다른 출판사에서 책을 내는 경우가 있습니다. 몇 가지로 상황을 유추해볼 수 있지요.

첫째, 출판사가 대인배라서 봐주는 경우입니다. 출판사가 계약서를 들먹이며 저자와 진흙탕 싸움을 하기 싫기 때문인 거죠. 기존 출판사에서도 책이 팔리고 있다면 저자와의 관계도 있으니 괜히 긁어 부스럼 만들 수 있다는 생각에 냅두는 것입니다.

둘째, 기존 출판사의 책도 판매가 지지부진하니 다른 출판사에 간다고 한들 미련이 생기지 않아 허락한 경우입니다. 개정판을 다른 출판사에서 내도 된다고 기존 출판사가 허락을 해주는 경우는 그 출판사가 쿨하기 때문이 아니라 개정판에 대한 확신이 없는 경우가 대부분입니다.

셋째, 너무 진상 저자라서 다시는 함께 책을 만들고 싶지 않은 경우입니다. 판매가 좋고 나쁘고를 떠나서 저자에게 너무나 인간적으로 실망을 많이 하여 제발 다른 출판사에 가라고 빌고 빌던 중 "나 다른 출판사와 계약해도 돼?" 하게 된 경우일 것입니다. 출판사는 속으로 쾌재를 부를지도 모르겠군요.

출판권의 존속기간 등

① 위 저작물의 출판권은 계약일로부터 초판 1쇄 발행일까지, 그리고 초판 1쇄 발행 후 ＿＿년간 존속한다.

② 갑 또는 을은 계약기간 만료일 ＿＿개월 전까지 문서로써 상대방에게 계약의 해지를 통고할 수 있으며, 이러한 해지 통고에 따라 계약기간 만료일에 이 계약은 종료된다.

③ 제2항에 따른 해지 통고가 없는 경우에는 이 계약은 동일한 조건으로 1회에 한하여 ＿＿개월 자동 연장된다.

대체로 5년씩 계약을 하여, 2년 혹은 3년 정도로 계약이 갱신되는 형태가 많습니다. 책이 출간된 후 몇 년 동안 계약인지, 계약서 서명 후 몇 년 동안 계약인지 출판사마다 다르게 표시되어 있을 겁니다. 기간이 없는 건 이상한 계약서고요.

여러분이 이 항목에서 알아야 할 점은 해지하고 싶다면 만료일 전에 문서로 상대방에게 통고해야 한다는 점입니다. 전세 계약을 만료하거나 연장할 때도 2~3개월 전에 미리 주인에게 통보를 해야 하듯 출판 계약도 그렇습니다. 만약 서로 별말이 없다면 자동으로 연장되는 형태이지요.

완전원고의 인도와 발행 시기

① 갑은 _____년 _____월 _____일까지 위 저작물의 출판을 위하여 필요하고도 완전한 원고 또는 이에 상당한 자료(이하 '완전원고'라 줄임)를 을에게 인도하여야 한다. 다만, 부득이한 사정이 있을 때에는 을과 협의하여 그 기일을 변경할 수 있다.

② 을은 갑으로부터 완전원고를 인도받은 날로부터 _____개월 내에 위 저작물을 출판하여야 한다. 다만, 부득이한 사정이 있을 때에는 갑과 협의하여 그 기일을 변경할 수 있다.

저자는 마감일까지 원고를 작성하여 출판사에 넘겨야 합니다. 제가 에디터로 일한 지 13년이 넘었지만 이 마감일을 지키는 저자는 다섯 손가락에 꼽을 정도입니다. 그래서 여러분도 마감일을 어겨도 되느냐? 아닙니다. 웬만하면 지켜주시되, 혹시나 사정이 생기거나 어려움이 생기면 미리미리 출판사에 연락을 취해야 합니다.

계약서라는 게 최악의 상황을 고려하여 만든 내용이다 보니 만약 계약이 파기될 경우 마감일을 어긴 행동은 불리하게 작용될 수 있습니다. 마감일을 반드시 잘 지켜서 모든 출판사의 에디터들이 좀 더 행복해지게 도와주세요.

출판사는 받은 원고를 마냥 묵혀둘 수 없습니다. 김장김치를 묵은지로 만들든 출판사의 자유라고 한다면 저자 입장에서는 매우 답답하겠지요. 그래서 출판사도 원고를 받은 후 언제까지는 책을 내야 한다는 조항이 있는 겁니다. 다만 출판사는 원고가 가진 특수성이나 판매 시기가 중요하게 작용하기 때문에 저자와 시기를 의논할 일이 많을 겁니다.

빨리 내서 빨리 털어버리고 싶은 마음이야 모르는 바 아니지만, 무조건 빨리 내달라고 하는 것이 결코 여러분의 책에 긍정적인 영향을 끼치지 않습니다.

저작물의 내용에 따른 책임

위 저작물의 내용이 제3자의 저작권 등 법적 권리를 침해하여 을 또는 제3자에게 손해를 끼칠 경우에는 갑이 그에 관한 모든 책임을 진다.

여러분은 계약서상의 '저작권자'입니다. 이 말은 저작을 담당한 사람이자 다른 저작물을 카피한 것이 아니라는 의미도 내포합니다. 여러분은 원고를 쓰면서 다른 저작물을 카피하거나 권리를 침해하는 행동을 절대 해서는 안 됩니다. 만약 그런 경우에는 저자가 모두 책임을 져야 합니다.

제가 신입 1년 차 때 오페라에 관련된 교양서를 편집한 적이 있습니다(원래 이 원고를 기획했던 담당자는 퇴사하여 저에게 떨어진 원고였지요). 당시 전 스물다섯 살 병아리 에디터였는데, 제가 오페라에 대해 알면 얼마나 알겠습니까. 원고를 편집하면서 잘 모르는 단어가 나오면 포털 사이트에서 검색하여 그 의미를 이해하곤 했는데, 세상에! 검색을 하다 보니 원고의 문장이 포털 사이트에 음절 하나 틀리지 않고 똑같이 있는 겁니다. 설마 하는 마음에 불특정 다수 부분을 긁어서 검색을 해보니 원고의 80% 이상이 그냥 인터넷에서 무작위로 긁어 만든 원고였습니다.

　이 저자가 타인의 저작권을 침해한 것은 물론이요, 출판사에도 큰 손해를 끼친 셈입니다. 저자에게 선인세를 이미 지급했고, 담당에디터는 긴 시간 이 원고에 매달린 셈이니 그에 대한 책임을 저자가 감수해야 합니다.

　오페라 원고처럼 책이 나오기 전이면 괜찮지만, 책이 출간된 이후 문제가 불거지면 사실 더 큰 문제로 이어집니다. 서점에 깔린 책들을 수거하는 일부터 손해배상을 해야 하는 부분, 논란에 휩싸여 출판사나 다른 누군가의 명예가 훼손된 부분까지도 책임을 져야 할지 모릅니다. 그러니 어떤 일이 있어도 타인의 저작권을 침해하는 행동을 해서는 안 됩니다.

저작인격권의 존중

> 을은 저작자의 저작인격권을 존중하여 저작자가 저작물에 표시한 실명 또는 이명 등 성명을 올바르게 표시하여야 하며, 위 저작물의 제호, 내용 및 형식을 바꾸고자 할 때는 반드시 저작자의 동의를 얻어야 한다.

저작인격권이란 '저작자가 자신의 저작물에 대해 갖는 정신적, 인격적 이익을 법률로써 보호받는 권리'를 말합니다. 다소 어렵게 느껴질 수 있겠으나 쉽게 설명하자면 출판사가 마음대로 저자명을 바꿀 수 없다는 조항입니다. 사실 저작인격권에 대해 자세하게 파고 들자면 저작자가 가지고 있는 공표권이나 성명표시권 등의 권리도 알아야 합니다만, 출판사에서 저작인격권을 존중하지 않아 문제가 생기는 경우는 거의 없으므로 이 정도에서 설명을 끝내겠습니다.

교정

> 위 저작물의 내용 교정 및 교열은 갑의 책임 아래 갑이 수행함을 원칙으로 한다. 다만, 갑은 을에게 교정 및 교열에 대한 협력을 요청할 수 있으며, 을은 갑의 요청에 따라 수행한 교정 및 교열 내용에 대하여 갑으로부터 최종 확인을 받아야 한다.

교정교열, 편집 부분은 출판사에서 담당합니다. 즉 맞춤법에 맞게 비문을 다듬는 일을 출판사 에디터가 하지요. 그런데 어디서부터 어떻게 손대야 하는지 도대체 이해할 수 없게끔 쓴 원고는 저자에게 다시 정리해줄 것을 요청할 수 있습니다. 혹은 부분부분 체크하여 내용을 추가하거나 수정해달라고 부탁할 수도 있습니다.

저작물의 수정증감 및 비용부담

① 갑은 을이 출판권의 목적인 위 저작물을 중쇄 또는 중판하는 경우에 정당한 범위 안에서 그 저작물의 내용을 수정하거나 증감할 수 있다.

② 을은 출판권의 목적인 위 저작물을 중쇄 또는 중판하고자 하는 경우에 그때마다 미리 갑에게 그 사실을 알려야 한다.

③ 위 저작물의 저작에 필요한 비용은 갑이 부담하고 출판물의 제작, 홍보, 광고 및 판매에 따른 비용은 을이 부담한다.

④ 초판 1쇄 발행 이후 중쇄 또는 중판을 발행함에 있어 갑의 요청에 따른 수정, 증감 등에 의하여 통상의 제작비를 현저히 초과하는 경우 그 초과금액에 대한 갑의 부담액은 갑과 을이 협의하여 정한다. 이때 통상의 제작비는 초판 1쇄 발행 비용을 기준으로 산정한다.

기본적으로 저자는 저작에 대한 비용을 부담하고, 출판사는 제작, 홍보, 광고 및 판매에 대한 비용을 부담합니다.

인터뷰집을 예로 들어볼까요? 저자가 사람들을 만나 인터뷰할 때 드는 비용을 출판사에서 부담하지 않습니다. 여행책을 내겠다는 저자에게 비행기 비용이나 여행경비를 제공하지 않는 것도 당연하지요.

여러분 주변에서 '누구누구는 출판사에서 그 비용을 제공해줬다더라' 하는 카더라식 소문이 많겠지만 실제 그런 경우가 있다면 그건 그 비용을 다 제공해줄 만큼 너무나 (판매가 보장된) 유명한 저자일 겁니다. 출판사가 저자에게 책을 만드는 종이값을 내라고 하지 않듯이 저자도 저작물을 만들 때 드는 비용은 알아서 해결해야 합니다.

초판 이후 책 판매가 좋을 때 출판사는 중쇄를 하게(재쇄를 찍게) 됩니다. 완전히 책을 개정해서 판매하는 경우도 있습니다. 출판사가 단독으로 진행해서는 안 되고, 중쇄하거나 중판할 때마다 저자에게 이 사실을 알려야 합니다. 또한 중쇄를 하거나 개정판을 낼 때 저자는 내용을 추가하거나 수정할 수 있습니다. 다만 다시 디자인을 해야 할 정도로 완전히 다 뜯어고쳐 달라고 하면 출판사는 통상의 제작비를 현저히 초과하게 됩니다. 디자인비나 편집비용이 다시 들어가는 셈이니까요. 이런 경우 저자에게 그에 따른 비용을 (협의하에) 요청할 수 있습니다.

저작권의 표지 등

① 을은 위 저작물의 출판물에 적당한 방법으로 저작자 및 저작재산권자의 성명과 발
행 연월일 등 저작권 표지를 하여야 한다.

② 갑과 을은 검인지 부착 또는 생략에 관한 사항을 협의하여 정한다.

모든 책에는 '판권'이라는 게 들어갑니다. 판권 페이지를 등록하지 않으면 ISBN 번호조차 나오지 않기 때문에 판권이 없는 책은 없다고 보면 됩니다. 이 판권에 모든 사항을 표기하게 되니 이 부분은 걱정할 필요가 없습니다.

요즘에는 검인지를 붙이는 곳이 거의 없으므로 검인지 여부도 신경 쓰지 않아도 됩니다.

정가, 판형, 제책방식 등

① 위 저작물의 출판물에 대한 정가, 판형, 제책방식 등은 을이 결정한다. 다만, 갑이
을에게 이에 대한 의견을 표시한 경우 을은 적극적으로 갑과 협의하여야 한다.

② 중쇄(판)의 시기 및 홍보·광고, 판매의 방법 등은 을이 결정한다. 다만, 을은 사전
에 갑과 이를 협의할 수 있다.

③ 을은 출판물을 홍보·광고함에 있어 갑의 명예를 훼손하여서는 아니 된다.

출판사에서 도서의 정가나 판형, 제책방식을 정할 때에는 에디터 개인의 취향이나 의견을 따르는 게 아닙니다.

출간될 책의 제작단가를 뽑고, 경쟁도서 정가와 비교하여 최종 책값을 결정하지요. 실제 타깃들이 어떤 성향인지를 고려하여 판형을 정하고, 책의 분야나 개성에 따라 어떤 제본으로 할지 선택합니다. 그 과정 중에 저자와 의논을 하거나 협의를 하지요.

출판사 에디터는 모조지면 모조지, 백색종이인지 미색종이인지, 쓰고자 하는 종이만 말해도 알지만 저자들 대부분은 그렇지 않겠지요. 그래서 불안해하고 자꾸만 물어보곤 하지만, 한번 생각해보세요. 에디터가 지금껏 애써 편집해온 책을 잘못된 제책방식으로 마무리하려고 할까요? 절대 그렇지 않습니다. 최적의 방식을 택할 테니 이 부분은 출판사와 에디터를 믿고 맡기는 게 좋습니다.

간혹 저자들 중에 무조건 양장본 책으로 만들어달라고 하는 분들이 있는데, 곤란하기 그지없습니다. 양장본으로 나와서 괜찮을 책이면 출판사에서 알아서 양장본을 만들려고 할 거예요. 저자가 원한다고 해서 들어줄 수 있는 부분이 아닙니다.

만약 협의라는 말 아래 저자의 의견대로 진행되었다면, 출판사에서 더 이상 싸우기 싫어서 손해를 무릅쓰고 들어준 형태일 겁니다. 더불어 그 책에 대한(아니, 저자에 대한) 만 가지 정이 다 떨어진 상태일 거고요.

중쇄의 시기는 출고부수와 재고부수를 체크하면서 출판사에서 결정합니다. 단순히 저자가 중쇄하고 싶다고 할 수 있는 부분은 아니지요.

홍보 및 광고, 판매 방법 역시 출판사에서 결정하고 저자와 의논할 수 있습니다. 이러한 과정 중에 출판사는 저자의 명예를 훼손하는 행동을 해서는 안 됩니다. 저자를 수식하는 카피가 명예훼손으로 이어지는 경우는 없겠지만(저자의 명예를 훼손해서 출판사에 이득이 될 것이 뭐가 있겠습니까!) 간혹 과장된 광고카피 때문에 저자가 공격받는 경우는 생길 수 있겠지요.

계속 출판의 의무

을은 이 계약기간 중 위 저작물을 계속 출판하여야 한다. 다만, 6개월 동안 월간 평균 판매량이 ___ 부 이하가 될 경우, 갑과 을이 합의하여 이 계약을 해지할 수 있다.

출판사는 책을 계속해서 출판해야 하는 의무가 있습니다. 마음대로 절판할 수 없다는 이야기지요. 하지만 판매가 좋지 않은 책을 계속 찍어낼 수는 없습니다. 그래서 단서를 달아두는 것입니다.

저작권사용료 등

인세에 대한 내용을 명시해놓은 것입니다. 출판사마다 기준이 있을 겁니다. 위 표준계약서에는 30일 이내 지급이라 적혀 있지만 출판사에 따라 45일이 기준인 곳도 있고, 60일이 기준인 곳도 있습니다.

앞에서 언급했듯이 홍보 증정, 납본하는 부수에 대해서는 인세를 면제합니다. 대체로 10%를 초과할 수 없다고 되어 있는데, 표준계약서는 협의하에 결정하도록 제시되어 있네요.

선급금

① 을은 이 계약과 동시에 선급금으로 _____원을 갑에게 지급한다.

② 초판 제1쇄의 발행부수는 ____부로 한다.

③ 을은 초판 제1쇄 발행 시 지급할 저작권사용료에서 제1항의 선급금을 공제한다.

여기서 말하는 선급금은 선인세이자 계약금을 말합니다. 선인세에 대해서는 앞에서 자세히 설명했기 때문에 넘어가겠습니다.

초판 발행부수는 계약서상에서 미리 정하는 출판사도 있고, 추후 결정하는 출판사도 있습니다.

갑에 대한 증정본 등

① 을은 초판(개정판) 1쇄 발행 시 ____부, 중쇄 발행 시 ____부를 갑에게 증정한다.

② 갑이 제1항의 부수를 초과하는 출판물이 필요한 경우 정가의 ____퍼센트에 해당하는 금액으로 을로부터 구입할 수 있다.

책이 나오면 출판사는 저자에게 책을 증정합니다. 일반적으로 10부, 중쇄 발행할 때마다 2부 정도 추가로 증정하는 형태입니다. 간혹 책을 과도하게 많이 달라고 하는 분들이 있는데, 여러분에게

재산이 '돈'이듯, 출판사의 재산은 '책'입니다. 남아도는 게 책인 것 같겠지만 책은 출판사의 재산인 셈입니다.

저자가 개인적으로 필요한 부수는 출판사에서 구입하는 게 당연한데, 당연하게 여기지 않는 분들이 많아서 안타까울 따름입니다. 아무튼 책이 증정본 외에도 더 필요하다면 저자는 출판사에서 할인된 가격으로 구입할 수 있습니다. 대체로 정가의 70% 정도 금액입니다.

계약서상에 이렇게 표기해놓았음에도 불구하고, 정작 구입할 때 더 깎아달라고 하는 분들도 있습니다. 이 책을 읽는 여러분은 그런 고집을 부리지 않길 바랄 뿐입니다.

2차적저작물 및 재사용 이용허락

① 이 계약기간 중에 위 저작물이 번역, 각색, 변형 등에 의하여 2차적저작물로서 연극, 영화, 방송 등에 사용될 경우 그에 관한 이용허락 등 모든 권리는 갑에게 있으며, 이때 발생하는 저작권사용료의 징수 등에 관한 사항에 대하여 을에게 위임할 수 있다.

② 이 계약의 목적물인 위 저작물의 내용 중 일부가 제3자에 의하여 재사용되는 경우, 갑이 그에 관한 이용을 허락하며, 이때 발생하는 저작권사용료의 징수 등에 관한 사항에 대해 을에게 위임할 수 있다.

③ 갑은 위 저작물을 원저작물로 하는 2차적저작물의 수출에 관한 사항의 전부 또는 일부를 을에게 위임할 수 있다.

요즘은 단순히 책에서 그치기보다 책이 다른 2차적저작물로 활용되는 경우가 매우 많습니다. 영화나 연극 등으로 활용되는 것이 대표적인 예입니다. 이용을 허락하는 건 모두 저자의 권리입니다. 출판사 쪽으로 영화 제안이 들어왔으나 저자가 "NO!" 한다면 출판사 임의로 진행할 수 없습니다. 만약 저자가 허락한다면 그에 따라 발생하는 저작권사용료는 출판사와 저자가 나누게 되고, 그 비율은 협의하여 결정하면 됩니다.

표준계약서에는 그 항목이 명쾌하지 않지만, 출판사에 따라 그 항목과 저작권사용료 나누는 비율을 깔끔하게 명시해놓는 곳도 있습니다. 해외 판권 수출에 대한 것까지 표기해놓은 출판사도 있고, 추후 협의하자는 곳도 있습니다.

전집 또는 선집 등에의 수록

> 이 계약기간 중에 갑이 위 저작물을 자신의 전집이나 선집 등에 수록, 출판할 때는 미리 을의 동의를 얻어야 한다.

저작권법 제59조 2항 내용입니다.

"저작재산권자는 배타적발행권 존속기간 중 그 배타적발행권의 목적인 저작물의 저작자가 사망한 때에는 제1항에도 불구하고 저작자를 위하여 저작물을 전집 그 밖의 편집물에 수록하거나 전집 그 밖의 편집물의 일부인 저작물을 분리하여 이를 따로 발행 등의 방법으로 이용할 수 있다."

다만, 이는 저작자 사망 이후에 관한 규정입니다. 위 조항은 생사 여부에 관계없이 출판 계약기간 중에 전집이나 선집 등 출판권의 목적이 된 자신의 저작물을 수록하여 출판하고자 하는 경우, 출판 사의 동의를 받으라는 말입니다.

저작재산권, 출판권의 양도 등

① 갑은 위 저작물의 복제권 및 배포권의 전부 또는 일부를 제3자에게 양도하거나 이에 대하여 질권을 설정하고자 하는 경우에는 사전에 이를 을에게 통보하여야 한다.

② 을은 위 저작물의 출판권을 제3자에게 양도하거나 이에 대하여 질권을 설정하고자 하는 경우에는 반드시 갑의 문서에 의한 동의를 얻어야 한다.

저자는 이 저작물의 저작권 일부를 타인에게 양도하게 될 때 출 판사에 반드시 이야기를 해야 합니다.

만약 출판사가 망해서 다른 출판사에 인수되는 등 출판권을 양 도하게 되는 경우 역시 저자에게 문서로 동의를 얻어야 합니다.

판면파일의 매수 요청

① 갑이 위 저작물이 게재된 출판물의 판면을 그대로 이용하여 전자책(e-Book) 등 비종이책의 제작을 제3자에게 허락하고자 할 경우 을은 갑에게 위 저작물의 교정 및 편집에 따른 비용을 감안하여 판면파일의 매수를 요청할 수 있다

② 제1항에 따라 을이 갑에게 출판물의 판면파일을 양도하는 경우 그것의 구체적인 금액 등에 관한 사항은 별도로 합의한다.

여러분의 책은 출판사 에디터의 편집과 디자이너의 디자인 및 조판작업을 거쳐 나온 것입니다. 글은 여러분이 썼다 하더라도 책 자체는 출판사에서 만든 것이지요. 따라서 제3자에게 판면(실제 편집 디자인되어 나온 책의 면) 그대로 양도하게 될 경우 출판사 쪽에 그 판면을 만든 비용을 감안하여 비용을 지불해야 합니다. 금액은 추후 합의하는 식이지요.

원고의 반환

위 저작물의 출판 후 을은 갑에게 원고를 반환하여야 한다. 다만, 갑과 을이 협의하여 원고를 반환하지 않을 수도 있다.

요즘 같은 세상에는 출판한 뒤 원고를 저자에게 반환하기가 너무 어렵습니다. 이미 받은 메일을 반송할 수도 없는 데다 한글파일이나

워드파일로 받은 원고를 다시 돌려주는 게 무슨 의미가 있겠습니까. 협의하지 않더라도 반환할 일이 잘 없지요. 이러한 조항은 원고지에 글을 써서 넘겼던 옛 시절의 저자에게 해당하지 않을까 싶습니다.

계약 내용의 변경

이 계약은 갑과 을 쌍방의 합의에 의하여 변경할 수 있다. 이에 대한 합의는 서면으로 한다.

실제로 계약 내용을 합의하에 조금씩 수정하는 경우가 있습니다.

계약의 해지 또는 해제

① 갑 또는 을이 이 계약에서 정한 사항을 위반하였을 경우 그 상대방은 _____일(개월) 이상의 기간을 정하여 제대로 이행할 것을 알릴 수 있다.

② 제1항의 조치에도 불구하고 이를 이행하지 아니하는 경우 그 상대방은 이 계약을 해지 또는 해제할 수 있고, 그로 인한 손해의 배상을 청구할 수 있다.

③ 갑은 을이 더 이상 출판할 의사가 없음을 표명하거나 절판 및 도산 등의 사유로 출판할 수 없는 상황이 명백한 경우 즉시 계약의 해지를 을에게 통고할 수 있다.

출판사와 계약했다가 계약이 파기되는 경우가 종종 있습니다. 출판사 측에 과실이 있을 때에는 지불한 계약금을 포기하고, 저자

측에 과실이 있을 때에는 지불한 계약금을 돌려주거나 2배로 배상하는 등 출판사마다 상황마다 파기 조건이 다릅니다.

출판사가 책을 절판하거나 망하는 경우에는 저자가 즉시 계약해지를 요구할 수 있습니다.

출판권 소멸 후의 배포

① 출판권이 소멸한 후에도 을은 계약기간 만료일 이전에 발행된 도서의 재고품을 _____일 동안 배포할 수 있다. 만일 출판권 소멸 후 재고도서 배포 약정기간이 경과하였음에도 을이 도서를 배포하는 경우 을은 이에 따른 민·형사상의 책임을 진다.
② 제1항에 따른 재고품의 배포에 대하여 을은 제13조 제1항에 따라 저작권사용료를 지급하여야 한다.

계약기간이 끝나더라도 팔리지 않고 남은 재고가 출판사에 있을 수 있겠지요. 따라서 계약은 종료되었지만 합의된 시간 동안 판매를 인정해주는 조항도 있습니다. 물론 판매에 따른 저자 인세는 지불합니다.

재해, 사고

천재지변, 그 밖의 불가항력의 재난으로 갑 또는 을이 손해를 입거나 계약 이행이 지체 또는 불가능하게 된 경우에는 서로의 책임을 면제하며, 후속조치를 쌍방이 합의하여 결정한다.

천재지변이나 불가항력의 재난은 언제든 일어날 수 있지요. 선배가 담당하던 책이었는데, 시골에서 농사를 짓는 저자의 아내분이 사고로 갑자기 돌아가신 적이 있습니다. 저자는 긴 시간 슬픔에 빠져 있었지요. 이렇듯 가족의 신변 문제 등 계약을 이행하기 어려운 상황은 꽤 발생합니다. 이럴 때에는 출판사와 저자가 협의하여 조치를 취하면 됩니다.

비밀 유지

> 갑과 을은 이 계약의 체결 및 이행과정에서 알게 된 상대방 및 상대방의 거래처 등에 관한 모든 비밀 정보를, 상대방의 서면에 의한 승낙 없이 제3자에게 누설하여서는 아니 된다.

출간을 준비해나가면서 저자와 출판사는 매우 밀접한 관계를 유지하지요. 그러면서 알게 되는 여러 정보가 있을 텐데, 그러한 비밀을 누설해서는 안 된다는 조항입니다.

개인정보의 취급

> ① 갑과 을은 위 저작물의 출판 및 이에 부수하는 업무과정에서 알게 된 상대방의 개인정보를 개인정보보호법의 취지에 따라 유의하여 취급하여야 하며, 사전 동의 없이 이를 누설하거나 다른 사람이 이용하도록 제공하여서는 아니 된다.

> ② 갑은 을이 이 계약에 의한 출판물의 제작 및 광고, 홍보, 판매 등을 위하여 갑이 제
> 공한 정보를 스스로 이용하거나 제3자에게 제공하는 것을 허락한다. 다만, 저작자
> 의 초상 이용에 대하여는 갑과 을이 합의하여 결정한다.

출판사는 계약을 하면서 저자의 주민번호나 계좌번호 등을 알게 됩니다. 이를 누설해서는 안 된다는 조항인데, 저자가 크게 걱정하지 않아도 됩니다. 범죄를 저지르겠다는 마음을 먹지 않는 한 출판사에서 그럴 일은 없습니다.

다만 출판사에서 책 홍보를 할 때 저자가 제공해준 정보(저자 이력 등)를 서점이나 독자들에게 홍보할 수 있습니다. 사진을 쓰는 것은 미리 허락을 받을 겁니다.

계약의 해석 및 보완

> 이 계약에 명시되어 있지 아니한 사항에 대하여는 갑과 을이 합의하여 정할 수 있고, 해
> 석상 이견이 있을 경우에는 저작권법 등 관련법률 및 계약해석의 원칙에 따라 해결한다.

계약서를 해석하는 일은 매우 어렵고 위험한 일입니다. 저 역시 간단히 설명했을 뿐, 법률적으로 해석한 건 아닙니다. 읽는 사람에 따라 이해하는 정도가 다를 수 있고, 다르게 해석될 수 있습니다. 이견이 있을 때는 저작권법 등 관련 법률을 따라 해결한다는 이야기입니다.

무엇보다 계약 전에 이해가 안 되는 문구가 있다면 출판사 에디터에게 반드시 물어보세요. 물어본다고 궁시렁댈 에디터는 한 명도 없을 겁니다.

분쟁의 해결

> ① 이 계약과 관련한 분쟁이 발생할 경우 갑과 을은 제소에 앞서 한국저작권위원회의 조정을 받을 수 있다.
> ② 갑과 을 사이에 제기되는 소송은 _____ 법원을 제1심 법원으로 한다.

분쟁이 일어나지 않는 게 가장 좋겠지만, 만약 분쟁이 일어난다면 소송하기 전에 한국저작권위원회의 조정을 받을 수 있습니다.

소송할 때에는 어떠한 법원을 제1심 법원으로 하겠다 미리 결정할 수도 있고, 을의 소재지 법원을 제1심 법원으로 한다고 명시해놓기도 합니다.

계약서 쓰는 시기

저자와 출판사는 계약서를 언제 쓰게 되는지 묻는 분들이 있습니다. 답은 간단합니다.

"매번 다릅니다."

탈고를 마친 원고가 들어온 다음 계약서를 쓰는 경우도 있고, 목차도 없이 기획단계에서 계약서를 쓸 때도 있습니다. 그런데 여러분이 이 책을 읽는다는 것은 출판사로 '투고'할 가능성이 많으므로 그 경우에 대해서 설명해드릴게요.

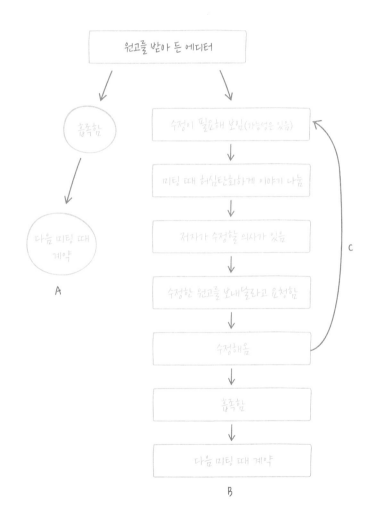

만약 에디터가 찾은 빅Big 저자라면 일단 계약부터 해두려고 할 겁니다. 목차와 구성, 원고의 디테일을 논하기보다는 일단 계약으로 빨리 묶어두는 게 중요하겠지요. 그러나 여러분은 출판사에서 먼저 연락오지 않은 예비저자에 속하므로 출판사가 무작정 계약부터 하자고 덤비는 경우는 거의 없을 거예요. 출판사 역시 위험부담을 안고 싶지 않으므로 웬만하면 꼴이 갖춰진 채로, 수정이 원하는 대로 이루어졌을 때 계약하길 원할 겁니다.

일단 계약 전이라도 내 원고에 대해 꼼꼼히 봐주고, 피드백을 주는 에디터가 있다면 믿고 가보세요. 막판에 계약을 못 하게 되더라도 이미 여러분의 원고는 예전보다 퀄리티가 좋아졌을 테니까요. 다른 출판사와 금방 계약할 수 있을 겁니다.

■ 표준계약서를 한번 살펴보자

• 문화체육관광부 http://www.mcst.go.kr/

• 자료공간 ⟶ 법령자료 ⟶ 표준계약서 ⟶ 출판분야 표준계약서 총 7종

단순 출판 허락계약서	종이책
독점 출판 허락계약서	종이책
출판권 설정계약서	종이책
배타적발행권 설정계약서	전자책
출판권 및 배타적발행권 설정계약서	종이책 및 전자책
저작재산권 양도계약서	종이책 또는 전자책
저작물 이용허락계약서(해외용)	전자책 및 종이책

• 표준계약서 양식 보기

• 표준계약서 해설 보기

Chapter 6

내 책 내 맘대로 만들래요

출판사에 처음으로 넘겨주는 원고를 흔히 '초고'라 부릅니다. 에디터의 일 중 '어려움 BEST 5'에 드는 게 바로 '초고 입고시키기'입니다. 날짜에 딱 맞춰서 원고를 메일로 보내주는 저자는 극히 드뭅니다. 그래서 중간중간 에디터가 점검하는 식으로 원고를 요청하기도 하지요. 그럴 때마다 넘겨주는 저자 역시 매우 드뭅니다. 미완성인 상태라서 정리해서 보내겠다 말하는 저자의 80%는 아직 쓰지 않은 분들입니다.

이미 4장에서 언급했지만 저는 '출판사의 피드백을 두려워하지 않는 저자'를 매우 사랑(?)합니다. 에디터가 원고에 대해 피드백을 주겠다는 것은 결국 원고의 퀄리티를 높이겠다는 말입니다. 여러분이 마다할 것이 아니라 담당 에디터가 괴로워할 정도로 집요하게 피드백을 요청해야 합니다(이 글을 에디터가 싫어합니다). 마감일 전에 초고 작성을 완료한 뒤 담당 에디터에게 1차 피드백을 요청해보세요. 그리고 피드백 내용을 반영해서 추가로 작성해나가면 여러분은 손쉽게 '완벽한 원고' 혹은 '완성된 원고'(완고)를 만들어 낼 수 있을 겁니다.

호랑이가 도스(DOS: 윈도우 제제 이전) 하던 시절의 이야기이긴 하지만 원고지 상태로 원고를 받던 때에는 원고가 사라졌다, 물에 젖었다 하는 저자들이 많았다고 합니다. 제가 병아리 에디터일 때는 아주 뚱뚱한 모니터와 천둥 소리를 내던 데스크톱을 썼는데, 그 시절에는 하드디스크가 날아갔다는 말을 많이 들었지요. 하필이면 마감일 직전에 날개 다는 하드디스크가 많았습니다.

책을 만들기 위해서는 어쨌든 원고가 필요합니다. 저자인 여러분이 그 어떤 일보다 가장 완벽하게 해내야 하는 일이 바로 '원고 만들기'입니다.

원고가 책이 되기까지 걸리는 시간

"제 책은 그럼 언제 나오나요?"

사람들이 계약을 할 때 가장 많이 묻는 질문이기도 합니다. 저는 언제나 이렇게 말합니다.

"저자님이 완벽한 원고 상태로 주신다면, 그 이후로 두 달 정도 걸립니다."

아주 타이트하게 계산을 해볼게요.

- A4로 된 80페이지 원고를 PC교정 볼 때 거의 7일 정도
- 디자이너에게 PC교 원고를 넘겨서 디자인을 흘리는 게 거의 4~5일
- 1교정지 교정 4~5일
- 다시 디자이너에게 넘겨서 수정하는 데 3일
- 2교정지 교정 3일
- 다시 디자이너에게 넘겨서 수정하는 데 3일
- 3교정지 교정 2~3일(크로스 체킹 및 컨펌 시간 포함)
- 화면대조 1일
- 필름대조(혹은 CTP 파일 확인) 1일
- 제작: 3~5일(무선) / 7~10일(양장)

물리적으로 이 정도 시간이 든다고 생각하면 됩니다. 모든 일이 그렇지만 이러한 진행 과정에는 변수가 도사리고 있습니다.

저자에게 교정지를 넘겨주었는데, 바쁘다는 이유로 교정 시간을 한없이 연장시킬 때, 좋은 제목이 나오지 않아 제목회의를 거듭할 때, 제목이 나왔으나 표지가 마음에 안 들어 계속 수정할 때, 실용서의 경우 사진이나 일러스트 등의 외부 작업 시간이 추가로 들 때 등입니다.

그래서 내 책은 언제 나와?

여러분은 깜짝 놀랄 수도 있겠지만, 출판사는 다음 해가 다가오기 전에 이미 그해에 나올 책들 리스트업을 끝냅니다. 그러니까 1년 뒤 몇 월에 무슨 책을 낼 것인지 이미 계약된 책들로 출간 시기를 정해놓는 것이지요.

계약은 해두었지만 원고가 아직 들어오지 않은 책들이 수십 종에 달합니다. 마감일을 한참 지난 원고도 있을 것이고, 아직 마감일이 잡히지 않은 책도 있습니다. 어쨌든 저자가 언제까지 주겠다고 말한 날짜를 바탕으로 출간을 계획해둡니다. 그럼 당장 궁금증이 밀려올 테지요.

'그렇다면 지금 계약한 내 책은 도대체 언제 낼 수 있는 거지?'

여러분이 다소 이해하기 어려울 수 있겠지만, 출판사는 꾸준히 신간이 나와야 굴러가는 구조를 가지고 있습니다. 따라서 소규모 출판사가 아닌 이상 각 출판사에는 매달 정해진 출간 목표부수가 있습니다. 단순하게 말하자면 이렇죠. 매달 세 권의 책을 내는 출판사, 매달 한 권씩 책을 출간하는 출판사, 매달 열 권의 책을 내는 출판사 등등.

앞서 책 한 권 내는 데 두 달 정도가 걸린다고 말했지요. 에디터 한 사람이 1년 동안 낼 수 있는 책은 대략 여섯 권입니다. 에디터가 열 명인 출판사라면 1년에 책이 60권 나오는 셈이지요. 그러면 한 달에 이 출판사는 다섯 권의 신간을 쏟아내게 됩니다. 다시 말해 어떤 책이든 다섯 권이 나와야 하는데, 어떤 타이틀이 아무래도 일정대로 나올 수 없을 것 같다면 좀 더 출간이 가능한 원고를 거기에 (어떻게 해서든) 집어넣어 출간 종수를 맞추는 식이지요.

원고가 책으로 탈바꿈하는 일련의 일들이 계획된 대로 착착착 진행된다면 얼마나 좋겠습니까마는 변수는 언제든 도사리고 있으니까요. 이때의 가장 큰 변수가 바로 저자가 원고를 주지 않는 일입니다.

편집 진행을 하면서 생긴 변수는 어쨌든 출판사에서 해결해볼 여지가 있지만, 원고가 들어오지 않는 건 출판사로서 어찌할 도리가 없습니다. 그러므로 여러분이 원고 마감일에 맞춰 원고만 넘겨준다면 출판사와 의논하여 정한 그 시기에 책을 출간할 수 있습니다. 여러분의 책은 그 마감일을 고려하여 이미 출간계획이 세워져 있을 겁니다.

간혹 여러 출판사에 원고를 투고했고, 그 원고가 매력적이라 출판사 여러 군데가 경쟁을 붙은 상황에서 저자들은 이런 이유로 출판사를 결정할 때가 있더군요.

"지금 당장 이 책을 내주기로 했어요. 저는 책을 좀 빨리 내고 싶었거든요."

이미 결정을 했다니 이 말을 덧붙이진 않습니다만 저는 속으로 생각합니다.

'그 출판사 원고 중에 펑크 난 게 있군.'

일정에 왜 목숨을 걸어?

출판 프로세스에 따라 편집작업을 진행하다 보면 처음 책을 만드는 저자는 "책 내는 게 이렇게 힘든지 몰랐어요."라는 말을 많이 합니다. 후반으로 갈수록 시간은 촉박해지고, 그런데 봐야 할 건 많고 소위 말해 멘붕에 빠집니다. 이대로 훅 책이 나올까 봐 두려움에 떨면서 이렇게 요청하는 분들이 있지요.

"출간 시기를 좀 미뤄주시면 안 되나요?"

일주일 책이 늦어지는 것, 따지고 보면 '절대(!)' 안 될 이유는 없겠지만(회사에서 담당 에디터는 욕을 먹겠지요) 쉽게 되는 일도 아닙니다. 앞에서 말했듯 출판사는 매출이나 수금 때문에 내야 하는 신간 종수가 존재합니다. 출고되는 시기에 따라 출판사에서 서점으로부터 수금할 수 있는 시기도 달라집니다.

단순히 일주일 늦어졌을 뿐이지만 신간을 내지 않아서 그 달 매출이 눈에 띄게 떨어질 수도 있습니다. 그래서 에디터들은 정해진 시기를 어떻게 해서든 맞추려고 합니다. 이러한 수금 문제만이 아니더라도 일정이 중요한 이유는 또 있습니다.

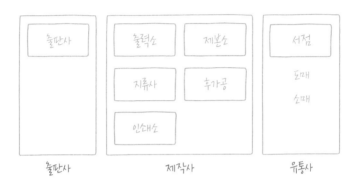

저자들은 단순히 담당 에디터와 일을 하기 때문에 그와 나의 스케줄만 맞는다면 문제없다고 생각합니다. 하지만 출판사 내부를 들여다보면 다양한 부서가 공존하고, 출판사는 책이 나오기까지 다양한 외부업체와 협업합니다. 즉 책이 나올 무렵부터 해서 언제 인쇄가 들어갈지 미리 스케줄을 예약해두는 것입니다. 따라서 하루이틀 늦어지는 것조차 약속을 어기는 셈이 되겠지요. 그래서 출판사는 '첫째도 일정! 둘째도 일정!'을 강조하는 것입니다.

여러분이 쓴 원고가 에디터 손에 넘어오면 그때부터는 담당 에디터의 진두지휘 아래 일이 진행됩니다. 에디터들은 원고를 토대로 '출간기획서' 혹은 '편집계획서'를 작성하고 관련 부서 사람들과 공유합니다. 이런 문서를 저자에게 보여주진 않습니다. 내부 진행용이지요.

전체적으로 계획을 세웠다면 디자이너를 섭외하고 샘플원고를 작업한 뒤 샘플시안을 의뢰합니다. 디자이너가 시안작업을 하는 동안 PC교정을 합니다. 이후 첫 번째 교정(출판사에서는 '1교'라고 합니다), 두 번째 교정(2교), 세 번째 교정(3교) 등 수정작업을 반복합니다. 3교까지가 일반적이지만 경우에 따라 5교, 6교, 혹은 그 이상 수정을 할 때도 있습니다.

교정작업이 진행되는 동안 제목을 짓고, 표지 카피를 작성하고, 표지 디자인을 발주합니다. 시안을 보고 결정하여 표지 대지를 완성하는 식이지요. 가격은 전체 페이지가 확정되었을 때쯤 결정하지만, 저자의 의견은 가격 결정에 크게 작용하지 않습니다. 책의 정가는 출판사의 수익적인 부분을 고려해야 하므로 철저히 제작비를 따져서 결정하는 경우가 대부분입니다.

수정작업이 모두 완료된 뒤에는 화면대조를 하고, 제작 의뢰를 하면서 필름 또는 CTP 파일을 확인한 뒤 인쇄를 맡기게 되지요. 이것이 원고가 책이 되는 출판 프로세스입니다.

본문   원고 – 샘플원고 – 디자인 시안 – PC교정작업 – 1교 – 1교수정 – 2교 – 2교수정 – 3교 – 3교수정 –화면대조 – 최종 PDF 확인 – CTP 파일 확인(필름일 경우 필름대조)

표지   제목회의 – 제목 확정 – 표1 카피 전달 – 표지시안 – 표지 확정 –표지 카피 전체 전달 – 표지 대지 확인

샘플원고가 디자인 시안이 되기까지

샘플원고를 만들거나 디자인 시안을 만드는 데 저자는 관여하지 않습니다. 그래도 책 작업이 어떤 식으로 진행되는지 궁금할 테니 설명해드릴게요.

원고를 받은 에디터는 원고 내용의 일부를 발췌하여 샘플원고를 만듭니다. 이 샘플원고는 디자이너에게 전달하는 것이 목적이고, 디자이너는 샘플원고를 토대로 디자인 시안(본문)을 만듭니다.

디자인 시안은 책에 들어가는 모든 스타일을 반영한 것이어야 합니다. 전체 본문 디자인의 기준점을 만드는 작업이라고 이해하시면 됩니다. 따라서 에디터는 디자인 스타일들을 모두 체크하여 샘플원고를 만듭니다.

디자이너에 따라 다르긴 하지만 대체로 2~3개의 본문 디자인 시안을 만들어 에디터에게 줍니다. 에디터는 시안을 보면서 피드백을 정리합니다. "이거다!" 하고 하나의 시안을 딱 고를 수도 있고, A 시안에서는 이 부분이 좋고, B 시안에서는 이 부분이 좋다는 식으로 의견을 줄 수도 있습니다. 이 의견을 듣고 디자이너는 다시 최종 시안을 건네줍니다.

디자인 시안을 저자에게 컨펌받는 경우는 잘 없지만, 디자인에 대해 매우 민감하게 얘기하는 저자인 경우 시안 상태에서 보여주곤 합니다. 나중에 디자인이 마음에 안 든다고 구시렁구시렁하면 더 골치 아프니까요.

이 책을 읽고 있는 여러분은 대부분 저자일 테니 감히 말씀드리자면 이런 부분은 에디터를 믿고 맡기는 게 좋습니다. 가독성이 높은 서체, 좀 더 보기 편한 레이아웃, 효과를 증대시킬 부속 디자인은 에디터와 디자이너가 더 잘 알고 있고, 자신이 담당하는 책이 아무렇게나 나오게 그냥 놔두는 에디터는 아무도 없습니다.

디자인 시안을 볼 때에는 개인의 취향에 치우치기보다 대중적인 느낌으로 선택하는 게 좋습니다. 에디터도 평범한 눈으로(독자의 눈높이에서) 시안을 판단하려고 합니다.

PC상에서 교정한다 하여 PC교정

디자이너가 본문 시안을 잡는 동안, 에디터는 최종 원고를 가지고 PC상에서 편집, 교정교열, 윤문 작업을 합니다. PC상으로 교정을 보기 때문에 통상 'PC교정'이라고 부릅니다.

'편집'은 덜어낼 건 덜어내고, 단락을 이동시킬 건 이동시키는 등의 작업, '교정'은 맞춤법에 맞춰 수정해나가는 작업, '교열'은 원고 내용 가운데 잘못된 것을 바로잡고 출판사의 편집 매뉴얼에 따라 수정하는 작업, '윤문'은 문장을 좀 더 유려하게 만드는 작업이라고 이해하면 됩니다.

사실 따로 구분해서 생각할 필요는 없습니다. 대체로 에디터가 "편집작업 중이에요~"라고 한다면, '교정교열+윤문 작업'을 하고 있다고 받아들이면 됩니다.

PC교정을 볼 때 에디터는 전체적으로 톤을 맞추고 비문을 수정하게 됩니다. 앞서 말했듯이 출판사만의 편집 매뉴얼에 따라 여러 면에서 문장을 뜯어고칩니다. 또한 디자인해야 하는 '스타일'도 부분부분 지정해둡니다.

PC교정이 끝난 후에는 컴퓨터가 아닌 프린트한 교정지 상태에서 교정작업을 하기 때문에 에디터는 최대한 PC교정 때 수정을 많이 해두려고 합니다. 그래서 가장 긴 시간 원고와 씨름하게 되지요. 원고의 퀄리티를 높이기 위해 부족한 부분도 체크하고 저자에게 추가 원고를 요청하기도 합니다.

시간이 결코 넉넉하지 않기 때문에 에디터가 수정이나 추가를 요청한다면 그때그때 빨리 해서 넘겨주는 게 좋습니다. 저자로서 그 정도만 해줘도 에디터는 일하기가 매우 수월해집니다.

PC교정이 완료된 파일은 디자이너에게로

PC교정이 완료된 파일은 디자이너에게 통째로 넘기게 됩니다. 디자이너는 인디자인^{InDesign}이나 퀵크 익스프레스^{Quark XPress} 프로그램을 이용하여 디자인 작업을 합니다. 일반 PC를 이용하는 디자이너도 많지만 대체로 맥^{Mac}을 쓰기 때문에 한글파일이 열리지 않는 경우가 있어서 에디터는 '텍스트 파일' 형태로 저장하여 원고를 보냅니다. 이 말은 서체나 폰트 사이즈, 텍스트 사이에 끼어 있는 이미지 같은 건 전혀 포함되지 않음을 의미합니다. 그렇기 때문에 여러분이 알아야 할 부분은 다음과 같습니다.

저자들은 한글이나 워드로 작성한 원고를 출판사에 보냅니다. 사진이나 도표, 그림 등이 원고에 포함된다고 해서 모두 원고에 넣어서 줄 때가 있습니다. 스무 컷 내외로 얼마 되지 않는 분량이면 괜찮지만 수백 장의 자료를 파일에 넣어서 주면 파일 용량만 커질 뿐 에디터가 일하는 데는 크게 도움이 되지 않습니다.

특히나 사진의 경우 원본이 필요합니다. 도표나 그림 등은 새롭게 그려서 넣어야 하지만, 사진은 그 자체로 들어가야 하므로 그냥 원고에 파일명만 기입하는 것이 더 낫습니다(177쪽 원고 작성 이야기 참고). 다시 말해 자료의 명칭을 정리하여 원고에 글로 기입하고, 자료는 통으로 압축해서 보내주는 게 더 좋습니다.

1차 디자인이 되어 나온 1교

에디터가 넘긴 PC교정이 완료된 원고를 토대로 디자이너는 약속된 디자인을 적용합니다. 출판사에서는 흔히 '1교 흘리는 중'이라고 표현하기도 합니다. 디자인이 모두 적용되어 텍스트만 존재했던 원고가 종이에 찍혀 나오는 거죠. 이렇게 나온 교정지를 '1교 정지', 줄여서 '1교'라고 합니다.

1교는 말 그대로 조금 러프한 상태로 디자인되어 나온 거라 생각하면 됩니다. 디자이너도 이때는 놓치는 부분이 있고, 에디터도 PC 상태에서 스타일을 머릿속으로만 떠올리며 잡아둔 거라 다소 안 맞는 부분이 있을 수 있습니다. 따라서 1교를 받아 든 저자들은 본인의 글이 디자인되어 나왔다는 감격보다는 디테일한 디자인에 온 신경을 집중하는 모습을 많이 보입니다. 이렇게 엉성한 상태로 책이 나올까 봐 정작 봐야 할 본인의 글은 보지 않고 말이지요. 러프한 상태라고 이해하고 글 수정에만 신경 쓰길 바랍니다.

저자에게 1교를 건너뛰고 2교부터 보여주는 에디터들도 많습니다. 1교 디자인을 보고 이렇다 저렇다 이야기 듣느니 그냥 좀 더 완성도를 높여 보내는 거죠.

만약 여러분의 에디터가 1교를 보여준다면 디자인에 일일이 신경 쓰기보다 크게 크게 수정해야 할 부분을 이때 정리하세요. 후반으로 갈수록 수정은 더욱 어려워집니다. 수정은 초기에 할수록 좋습니다. 편집 후반에는 음절 하나조차 문단에서 떨어져 나갈까 신경을 쓰기 때문입니다.

여러분이 1교를 수정하는 동안 에디터 역시 교정지를 가지고 수정작업을 합니다. 아무래도 저자의 수정사항보다 에디터의 수정사항이 더 많기 때문에 저자의 교정지가 도착하면 다시 에디터의 교정지에 반영하여 디자이너에게 넘깁니다.

요즘에는 PDF로 파일을 주고받기 때문에 저자에게 굳이 교정지를 뽑아주지 않고 PDF로 넘기기도 합니다. 그러면 PDF의 메모기능을 이용해 수정사항을 써서 넘겨주는 저자도 있고 사진으로 찍어 보내주는 분들도 있지요. 여러분이 편한 방법으로, 시간을 좀 더 단축할 수 있는 방법으로 선택하여 작업하세요.

1교 수정사항이 모두 반영된 2교

수정사항을 모두 적은 1교를 디자이너에게 넘기면 일일이 수정사항을 반영하여 두 번째 교정지를 넘겨줍니다. 이렇게 나온 교정지를 '2교'라고 합니다. 2교가 나오면 에디터들은 '대조작업'을 합니다. 즉 1교 수정사항이 제대로 반영되어 나왔는지 체크하는 작업입니다.

디자이너도 사람이기 때문에 아랫줄인데 윗줄을 수정하거나, 수정하면서 오타가 나거나, 수정사항을 누락할 수 있습니다. 그걸 먼저 잡은 뒤 2교 교정작업을 시작하는 거죠.

대조작업을 하지 않고 저자에게 2교를 보내면, 분명 자신이 수정해달라고 했는데 수정이 안 되어 있는 걸 보고 또 불안감에 휩싸일 수 있습니다. 여러분만큼이나 에디터 역시 행여 실수가 생길까 불안해합니다. 그러므로 에디터 선에서 확인하고 또 확인하니 너무 걱정하지 말고 교정작업에만 집중하세요.

2교 때에는 디테일하게 문장을 손보는 게 좋습니다. 에디터는 이 때부터 페이지 대수를 맞추고(책이 만들어지기 위해서는 전체 쪽수 나누기 8, 16, 32 등으로 나눠져야 합니다) 표나 그림 등이 내용과 어우러지게 잘 들어갔는지 확인합니다. 페이지가 이상하게 비어 있지 않은지, 빠진 자료가 없는지도 확인하지요. 그러면서 저자에게 자잘하게 원고를 더 요청하는 경우도 있습니다.

2교 수정사항이 모두 반영된 3교

2교가 나왔을 때와 마찬가지로 2교 수정사항이 제대로 반영되어 나왔는지 체크하는 대조작업부터 합니다.

3교부터는 놓치기 쉬운 맞춤법을 잡고, 완성도를 높이는 데 최선을 다합니다. 목차에 쪽수도 적고, 쪽번호도 제대로 되어 있는지 체크하지요. 에디터는 판권부터 용어 통일, 띄어쓰기 통일 등 치명적인 오류가 없는지 확인합니다. 출판사 내부적으로 다른 에디터가 한번 훑어봐주는 등 크로스 교정도 이루어집니다.

저자 역시 3교 때에는 잘못된 부분이 없는지 꼼꼼하게 살펴봐야 합니다. 무엇보다 3교에서 끝날 수 있도록 해주면 좋습니다. 수정 사항이 많으면 많을수록 놓치는 게 많아지고, 틀어지는 부분이 늘

어납니다. 그래서 2교도 3교도 수정이 많으면 4교, 5교 더 진행될 수 있지요. '아~ 4교 5교 갈 수도 있구나. 다행이다~' 생각할 것이 아니라 어떻게 해서든 마무리 프로세스로 갈 수 있게 수정의 정도를 조율해야 합니다.

최종 확인을 하는 화면대조

인디자인이 보급되기 전 디자이너들은 대체로 쿼크 익스프레스 프로그램을 썼는데, 그때는 PDF로 파일을 굽는 일이 어려웠습니다. 출판 프로세스 중 '화면대조'가 생긴 게 이 이유 때문이 아닌가 싶습니다. 에디터 역시 늘 교정지로 프린트한 것만 보니 (부유한 출판사라서 원고 전체를 컬러로 프린트하지 않는 이상) 디자인된 부분을 흑백 프린트물로만 확인했습니다. 그래서 마지막 화면대조 때 에디터가 디자이너 옆에 앉아 같이 수정작업을 하곤 했습니다. 한두 음절 때문에 문장을 손봐야 하는 경우에는 그 자리에서 바로바로 수정했지요.

그런데 요즘은 인디자인 프로그램 때문에 PDF로 바꾸는 작업이 클릭 한 번으로 가능하게 되었습니다. 따라서 디자이너 옆에 앉아서 수정하는 일이 드물어졌지요. PDF를 확인하고 잘못된 쪽만 프린트하여 디자이너에게 알려주면 되니까요.

화면대조를 할 때 '제발 실수가 없기를~' 빌어주는 것 외에 저자가 할 수 있는 일은 거의 없습니다. 다만, 에디터가 최종파일을 PDF로 보내주었을 때 빨리 확인하고 피드백을 주는 게 좋습니다. 최종파일이라는 이름을 달고 있지만 그래도 수정이 가능합니다. 책이 나온 뒤 오탈자 신고를 받고 가슴 아파하는 것보다 어쨌든 수정할 수 있을 때 하는 게 좋습니다.

인쇄 전 파일 확인

예전에는 필름을 뽑아 인쇄하는 경우가 많았으나 요즘에는 대체로 CTP 인쇄를 합니다. 이때도 저자가 할 수 있는 일은 거의(아니, 전혀) 없습니다.

필름으로 인쇄할 경우 에디터는 필름대조를 하고, CTP 인쇄로 할 경우 인쇄소에서 보내준 확인용 PDF를 확인합니다. 파일에 이상이 없다면 "OK!" 작업 사인을 내주면 됩니다.

책으로 인쇄, 제본

인쇄할 파일을 모두 확인했다면 제작에 들어갑니다. 에디터 혹은 디자이너는 인쇄감리를 하기 위해 인쇄소에 방문합니다. 인쇄감리는 쉽게 말해 원하는 색으로 잘 나오는지 확인하는 작업을 말합니다.

화면으로 보는 이미지는 모두 RGB 형태이지만, 인쇄물에서는 CMYK 형태여야 합니다. 인쇄소에서는 이 CMYK(청, 적, 황, 먹) 잉크를 섞어 색을 만드는데, 인쇄소 기장님이 최대한 맞춰놓은 상태에서 어떤 잉크를 어떤 식으로 조절하면 되는지 말씀드리는 식으로 진행됩니다.

이때도 저자는 크게 관여할 일이 없습니다. 인쇄감리는 사실 에디터에게도 어려운 일이기 때문에 일반인 저자는 도움을 주고 싶어도 줄 수 없는 게 사실이지요. 다만 직업이 디자이너거나 예술 분야 쪽에 있는 저자들은 색에 아주 민감하여 인쇄감리 때 인쇄소를 방문하는 경우가 더러 있습니다. 오히려 나중에 불만을 털어놓는 것보다 인쇄감리 때 와서 지켜보면 더 낫긴 합니다(표지 퀄리티가 아니라 에디터의 마음이 말입니다). 사실 저자들이 인쇄감리에 오는 일이 흔한 건 아니라서 인쇄소 기장님 역시 긴장하며 작업할 겁니다(좋아하지는 않더라도 말이죠).

책을 만드는 동안 본문을 완료하는 일만큼이나 중요한 것이 제목을 정하고 표지작업을 완료하는 일입니다. 제목을 짓고, 카피를 정리하고, 표지를 결정하는 일들은 앞서 말한 본문 교정 프로세스와 별개로 진행되는 게 아닙니다. 본문과 표지 작업은 동시다발적으로 이루어집니다.

표지는 어떤 식으로 작업하는지 알아보기 전에 구성요소를 한번 살펴봅시다.

표3   표4   표1   표2

카피 또는 광고   카피, ISBN, 정가   저자 소개

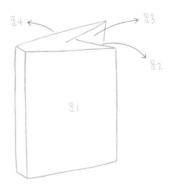

표4   표3

표2

표1

제목을 짓기까지

 에디터 역시 제목 짓는 일은 쉽지 않습니다. 초기에 정해놓은 '가제'가 실제 제목이 되는 경우도 있지만 대체로 원고를 진행하면서 제목회의를 거쳐 결정하는 식입니다. 저의 경우 제목회의 자료를 만들기 전에 저자에게 의견을 먼저 구합니다.

"혹시 생각하고 있는 제목 방향이 있으신가요?"

생각하던 바가 없다고 하는 저자도 있지만, 이러이러한 제목이었으면 좋겠다고 의견을 주는 저자도 있습니다.

초기에 기획안을 작성해봤기 때문에 알겠지만 책에는 콘셉트라는 것이 있고, 나름의 경쟁도서도 있습니다. 독자들이 선호하는 검색어도 있지요. 출판사 에디터들은 이 모든 것을 고려하여 제목안을 작성합니다. 문학/에세이, 자기계발, 경제경영, 실용 등 분야별로 제목안 쓰는 형태는 다르겠지만 대체로 제목안 자료는 이런 내용을 포함합니다.

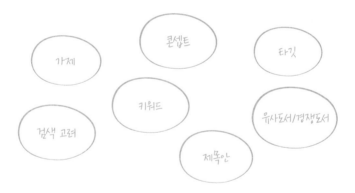

떠오르는 제목으로 후다닥 짓는다고 생각할지 모르지만 출판사에서는 여러 차례 회의를 거쳐 제목을 결정합니다. 특히 책의 타깃에 대한 분석을 하고 기존에 나와 있는 유사도서 등의 판매 패턴을 읽으려고 하지요. 오프라인 서점에서 팔리는 책과 온라인 서점에서 팔리는 책이 다르기 때문에 그 또한 고려 대상입니다. 온라인 서점에서의 매출이 더 기대되는 도서는 검색을 했을 때 책이 나올 수 있도록 키워드를 제목에 적절하게 넣게 됩니다.

뜯어보면 제목에도 특징이 있다

책의 제목도 어찌 보면 '상품명'인 셈입니다. 실제로 "우아!" 감탄이 나오는 멋진 제목의 책들도 있고, '응?' 의문스러운 제목을 단 책들도 있습니다. 저자들은 자신의 책제목도 '멋지고' 싶겠지만 책의 제목은 저마다 특징, 그러니까 기능을 지니고 있습니다. 정리를 해보자면 다음과 같습니다.

인상적인 제목

회자되는 제목

유행을 선도하는 제목

검색에 잘 걸리는 제목

타깃을 콕 지정한 제목

그저 유쾌하고 재미있는 제목

파격적인 제목

기억에 남는 제목

감성적인/정적인 제목

있는 그대로 표현해 공감을 부르는 제목

제목을 접하는 개인마다 느끼는 바가 다르겠지만 저는 예시로 든 제목들이 위에서 말한 기능을 충분히 가지고 있는 '잘 지은 제목'이지 않나 생각합니다.

인상적인 제목

《82년생 김지영》 조남주 지음 / 민음사 / 2016년 10월
《미움받을 용기》 기시미 이치로 지음 / 인플루엔셜 / 2014년 11월
《좋아 보이는 것들의 비밀》 이랑주 지음 / 인플루엔셜 / 2016년 4월

인상적이라는 것은 사실 기억에 남는다는 것과 일맥상통하지만 좀 더 의미를 곱씹어볼 수 있는 제목이라는 점에서 구분을 해봤습니다. 제목이 눈에 들어오는 순간 호기심이 생기고 어떤 의미인지 잔상이 남게 되는 제목, 이러한 제목들도 좋은 제목이라고 할 수 있죠. 자기계발서에 이런 제목을 적용할 때가 많습니다.

회자되는 제목

《삐뽀삐뽀 119 소아과》 하정훈 지음 / 유니책방 / 2016년 7월
《꽃으로도 때리지 말라》 김혜자 지음 / 오래된미래 / 2004년 3월
《당신은 개를 키우면 안 된다》 강형욱 지음 / 동아일보사 / 2014년 5월

'결과적으로' 회자가 된다고 평가받는 제목들입니다. 패러디가 되는 제목이라고도 할 수 있어요. 독보적인 느낌까지 주기 때문에 다른 책이 유사하게 제목을 지으면 따라 만든 제목이라고 직관적으로 느끼게 되지요. 긴 시간 사랑받는 책 중에 이런 제목이 꽤 많습니다.

유행을 선도하는 제목

《프랑스 아이처럼》 파멜라 드러커맨 지음 / 북하이브 / 2013년 3월
《비혼입니다만, 그게 어쨌다구요?!》 우에노 지즈코 지음 / 동녘 / 2017년 1월
《이토록 공부가 재미있어지는 순간》 박성혁 지음 / 다산3.0 / 2015년 2월

쉽게 입에 감기는 덕분에 결국 유행을 선도하게 되는 제목들입니다. '~ 아이처럼'이나 '~만, ~' '이토록 ~ 순간' 등은 이후로 유행처럼 만들어지게 됩니다.

검색에 잘 걸리는 제목

《똑똑한 아이 낳는 탈무드 태교 동화》 글공작소 지음 / 아름다운사람들 / 2012년 3월
《엄마표 영어 17년 보고서》('영어 앞에서 당당한 아이를 만드는 새벽달의') 새벽달 지음 / 청림Life / 2016년 11월
《한 그릇 뚝딱 이유식》('닥터오의 육아일기' 속 790개의 건강한 레시피) 오상민, 박현영 지음 / 청림Life / 2014년 6월

출판사에서는 검색에 잘 걸리도록 제목을 짓기도 합니다. 대체로 실용서가 그러하지요. 실용서는 오프라인 서점보다 온라인 서점 매출이 월등히 높기 때문에 온라인에서 다른 책에 비해 검색이 잘되게 짓는 편입니다. '탈무드' '태교' '엄마표 영어' '이유식' '닥터 오의 육아일기' 등 타깃들이 많이 검색하는 키워드를 반영한 것이라고 판단됩니다.

타깃을 콕 지정한 제목

《아들을 잘 키운다는 것》 이진혁 지음 / 예담friend / 2017년 3월
《못 참는 아이 욱하는 부모》 오은영 지음 / 코리아닷컴 / 2016년 5월
《내일도 출근하는 딸에게》 유인경 지음 / 위즈덤경향 / 2014년 3월

타깃을 제목에서 확 드러나게 짓는 경우도 많지요. 타깃을 한정 지을 수 있다는 단점도 있지만, 핵심타깃을 확실하게 공략할 수 있다는 장점도 있습니다. 자신의 책이 특정 타깃 집단을 위한 것이라면 이러한 제목을 생각해보는 것도 좋습니다.

그저 유쾌하고 재미있는 제목

《아, 보람 따위 됐으니 야근수당이나 주세요》 히노 에이타로 지음 / 오우아 / 2016년 5월

> 《사는 게 뭐라고》 사노 요코 지음 / 마음산책 / 2015년 7월
>
> 《치맥이 더 맛있어지는 치킨》 레시피팩토리 라이브러리 지음 / 레시피팩토리 / 2016년 7월

에세이 분야에서 많이 접할 수 있는 제목입니다. 요즘에는 제목에 '위트'를 가미한 게 꽤 많습니다. 타깃들이 유머스러움을 순수하게 받아들일 수 있도록(즉, 불쾌하지 않도록) 적절한 선을 지킨 제목이 좋겠지요.

파격적인 제목

> 《너의 췌장을 먹고 싶어》 스미노 요루 지음 / 소미미디어 / 2017년 4월
>
> 《엄마는 내가 죽었으면 좋겠다고 말했다》 마틴 피스토리우스 지음 / 푸른숲 / 2017년 3월
>
> 《죄수 운동법》 폴 웨이드 지음 / 비타북스 / 2017년 2월

말이 '파격'이지 이런 제목은 간혹 '충격'을 주기도 합니다. 충격요법으로 머리에 각인되는 셈이지요. 소설 제목들 중에 이런 류가많은 편입니다.

요즘에는 비속어를 섞거나 욕설이 담긴 제목도 꽤 나오는 추세입니다('새끼'나 '쌍년' 등). 에디터로서 가끔 충격을 받곤 하는데 파격적인 제목 역시 독자를 불쾌하게 만들지 않는 그 미묘한 선을 잘지켜야 하겠지요.

기억에 남는 제목

《1일 1식》 나구모 요시노리 지음 / 위즈덤스타일 / 2012년 9월

《영어책 한 권 외워봤니?》 김민식 지음 / 위즈덤하우스 / 2017년 1월

《1cm》 김은주 지음 / 허밍버드 / 2008년 6월

앞서 말한 '인상적인 제목'과 유사하지만 좀 더 간결하여 제목 자체가 기억에 남는 형태로 구분해보았습니다.

감성적인/서정적인 제목

《언어의 온도》 이기주 지음 / 말글터 / 2016년 8월

《운다고 달라지는 일은 아무것도 없겠지만》 박준 지음 / 난다 / 2017년 7월

《어쩌면 별들이 너의 슬픔을 가져갈지도 몰라》 김용택 지음 / 예담 / 2015년 6월

에세이나 시집, 산문집 등에 잘 쓰이는 형태입니다. 제목만 읽어도 가슴이 따뜻해지는 기분이 들지요.

있는 그대로 표현해 공감을 부르는 제목

《죽고 싶지만 떡볶이는 먹고 싶어》 백세희 지음 / 흔 / 2018년 6월

《넌 지금 그걸 말이라고 하세요?》윤영미 지음 / 어나더 / 2016년 12월
《무례한 사람에게 웃으며 대처하는 법》정문정 지음 / 가나출판사 / 2018년 1월

요즘에는 특히나 이런 유의 제목이 많습니다. 있는 그대로 단순하게 구어체로 표현해서 제목을 읽으면 무슨 말인지 직관적으로 이해가 됩니다.

그럼에도 제목은 맡기세요

제목의 기능들을 설명했다고 해서 여러분에게 제목을 잘 지어보라는 말은 아닙니다. 출판사 에디터들이 분야에 따라, 타깃이 누군지에 따라, 이러한 갖가지 기능을 고려하여 제목을 지으니 믿고 맡기라는 말입니다.

저의 경우 저자에게 제목안을 만들 때마다 의견을 물어보긴 합니다만 그건 어느 정도 내부 의견이 정리된 상태일 때입니다. 어떤 출판사의 경우 제목 짓기는 출판사의 고유 권한이니 절대 저자에게 터치하지 말라고도 합니다. 이는 계약서상에도 명시된 문구이고요.

실제로 저는, 저자분이 제목을 빡빡 우기는 바람에 '이 책을 파기하느냐' '저자가 고집하는 제목으로 가느냐'의 기로에 서서 고민

한 적이 있습니다. 지금까지 해온 작업이 있기 때문에 포기하는 쪽보다는 그래도 하는 쪽으로 선택했지만, 이 책에 사례로 쓸 정도로 아직 뒤끝이 남아 있습니다.

출판사가 원하는 쪽으로 제목이 정해졌더라도 판매가 월등히 좋을 거라 장담할 수는 없지만, 제목 가지고 저자와 실랑이하는 사이에 책에 쏟던 에디터의 열정은 식을 수밖에 없습니다. 물고기를 잡으려고 그물망을 쳐서 아래부터 몰고 가는데, 갑자기 물길이 전혀 엉뚱하게 바뀐 것 같은 허탈함을 느낍니다.

대부분의 저자들은 자신의 책 제목이 은유적이고 고상한 단어들의 조합이길 바랍니다. 그 책이 어떤 분야든 상관없이 말이지요. 멋있는 단어의 조합이라고 해서 타깃들이 그 제목을 멋있다고 받아들일지는 미지수입니다.

냉정하게 생각하세요. 여러분이 생각하는 제목이 앞서 설명한 제목의 기능 중에 하나도 포함되지 않는다면 그 제목은 어떠한 매력도 가지고 있지 않은 겁니다. 악플보다 무플이 더 무섭다고 하잖아요. 제목에서 어떠한 감흥도 느껴지지 않는다면 제목으로서 무매력인 셈이지요.

에디터들은 제목을 지을 때 실제 타깃층을 대상으로 설문조사도 하고, 영업부에 부탁하여 해당 분야 MD의 의견도 듣습니다. 키워드마다 검색량도 체크하지요.

여러분이 제목에 대해 깊이 관여하고 싶다면(얕게 스치듯 해주는 것이 더 좋겠지만) 제목이 가져야 할 나름의 기능을 생각하여 여러 안을 에디터에게 전달해주기 바랍니다. 에디터는 거기에서 힌트를 얻거나 아이디어를 얻기도 하니까요.

만약 여러분이 프로젝트나 어떠한 브랜드를 가지고 있다면 그것을 드러내는 제목 또한 좋습니다. 대표적인 예가 《지적 대화를 위한 넓고 얕은 지식》(한빛비즈)입니다. 이 책은 팟캐스트 '지대넓얕'의 채사장이 썼지요. 인기 팟캐스트 이름을 고스란히 사용함으로써 책 역시 폭발적인 인기를 얻은 셈입니다.

성선화 기자의 《재테크의 여왕》(청림출판) 역시 이데일리에서 연재하던 재테크 기사의 메인 칼럼명이 '재테크의 여왕'이었습니다. 그녀의 프로젝트 이름인 셈이지요.

도서 시장에는 《똑게육아》(아우름), 《잠수네 아이들의 소문난 영어공부법》(알에이치코리아) 등 저자가 가진 브랜드나 프로젝트에서 제목을 따온 경우가 많습니다. 성공적인 브랜드나 프로젝트라면 책 역시 성공할 가능성이 높습니다.

이렇게 프로젝트나 브랜드를 제목으로 사용할 때 문제가 되지 않는지 저자(혹은 에디터)가 확인해주어야 합니다. 특히 방송 프로그램일 경우 반드시 서면 허락을 받아야 합니다.

온라인 서점에서는 제목, 부제, 저자, 출판사 정도만 검색에 걸립니다. 즉 제목에서 검색을 고려하지 않았다면 부제를 활용해도 된다는 말이기도 합니다.

표1에는 일반적으로 제목, 부제, 저자명, 출판사명, 카피가 존재합니다. 표1에 나오는 카피를 '보디카피' 또는 '표1 카피' '앞표지 카피' 등으로 불리지만 여러분이 반드시 이 용어를 알아야 할 필요는 없습니다. 무엇보다 이 카피는 온라인 서점에서 표지를 클릭했을 때 잘 보이지 않습니다. 따라서 오프라인 독자들에게 읽힐 글들인 셈이지요.

에디터가 작성한 표1 카피는 팀회의, 부서회의, 마케팅회의, 대표 컨펌을 거쳐 나온 것입니다. 모든 카피가 다 그런 건 아니겠지만 이런 과정을 거쳐 나온 카피인 만큼 어감이나 메시지를 효과적으로 전달하고자 노력한 결과입니다. 그러므로 저자들이 의견을 주는 것까지는 괜찮지만 임의로 바꿔달라고 하는 건 꽤나 곤란한 일입니다. 그 의견이 담당 에디터뿐만 아니라 팀장, 부서장, 마케팅 팀원들, 대표님까지 설득할 만한 타당한 이유를 품어야 합니다. 단순히 '개인의 취향'에서 기인해서는 안 됩니다.

이유가 있는 띠지

차마 표지에 넣기 애매한 내용이나 현재 시류에 기반을 둔 카피, 시선을 사로잡을 요소 등은 띠지로 만들어 표지에 두르는 편입니다. 저자의 TV 방송 활동, 다이어트 책의 경우 비포&애프터 사진이라든지 그런 내용들을 띠지에 넣습니다.

표지에 들어간 인물 사진은 시선을 사로잡는 역할을 합니다. 하지만 인물이 들어갔을 때 표지 디자인은 다소 제한적일 수밖에 없습니다. 인물에 시선을 뺏겨 제목이 잘 보이지 않는다든지 분명 단점도 있지요. 따라서 인물은 띠지를 활용해 넣는 편입니다.

띠지 자체를 디자인적으로 활용하는 경우도 있습니다. 띠지를 할지 말지는 출판사의 결정에 달렸고, 더 들어가 디자이너의 디자인 방향에 달렸습니다.

표지 디자인이 나오기까지

에디터가 표1 카피를 우선적으로 정리해서 디자이너에게 넘기면 디자이너는 표지시안을 만들게 됩니다. 이때 단순히 카피만 전달하는 것이 아니라 책의 방향이나 디자인 콘셉트를 함께 전달합니다.

《출판하는 마음》(제철소)은 출판계에서 일하는 사람들을 인터뷰한 책인데, 북디자이너 이경란 씨의 인터뷰 내용이 인상 깊었습니다. "편집자는 가끔 판독 불가한 언어로 디자인을 요청하곤 한다. '쌈박한 디자인으로 해주세요' '심플하지만 고급지게' '에지 있지만 너무 튀지 않게' '친근하지만 무게 있게' '화사하고 복잡하지 않게' 같은 말들."

이 글을 읽고 매우 뜨끔했습니다만, 실제로 에디터들은 '제목 텍스트가 잘 보이는 표지'라든가 '말랑말랑 쉬워 보이는 표지'라든가 'B급스러운 표지' 등으로 요청합니다. 이런 개떡 같은 에디터의 요청에 디자이너들은 세 개 정도의 찰떡 같은 시안을 잡아줍니다.

표지시안을 봤을 때 시안이 주는 첫 느낌도 중요하지만 디자이너의 의도를 읽는 것도 중요합니다. 출판사에서는 1차로 나온 시안을 저자에게 보여주는 경우는 거의 없습니다. 어느 정도 걸러진 상태에서 보여줍니다. 혹시나 '제일 별로다' 하는 시안을 저자가 마음에 들어 하고 그걸로 해달라고 고집을 피울까 봐 걱정되기 때문이죠.

1차 시안이 나온 뒤에는 제목이나 카피회의를 하듯이 표지회의를 합니다. 어떤 표지가 제일 나은지 각자의 의견을 주고받고, 어떤 시안을 어떻게 수정하면 좋을지 의견을 정리하지요. 저는 그렇게 수정을 거친 시안을 저자에게 보여주는 편입니다.

저자들은 친한 친구에게 보내어 의견을 묻곤 하는데, 이때야말로 친한 사이보다는 타깃들의 의견을 물어보는 게 좋습니다. 왜냐면 '저자'라는 특수성 때문인지 주변인들은 무조건 안 좋은 소리를 하거나(이 출판사 왜 이렇게 표지를 이상하게 잡아?) 무조건 좋은 소리를 (너무 멋져요! 캭!) 하거든요.

저도 디자이너가 아니기 때문에 표지시안을 고를 때마다 너무나 어려움을 느끼지만 제가 선택하는 표지는 대체로 이런 기준을 가집니다.

> • 독자들이 책을 손에 쥐었을 때 시선의 흐름이 의도한 바대로 흐르게 배열이 되었는지
> • 중요하게 생각하는 포인트의 강약이 잘 갖춰져 있는지
> • 제목이든 색감이든 이미지든 마음을 사로잡는 한 방이 있는지

위를 토대로 SNS에 사진을 찍어 올렸을 때 예뻐 보일지, 온라인 서점 섬네일로 봤을 때는 어떨지, 종이나 후가공은 어떤 식으로 하게 될지 등을 고려하여 선택합니다.

당연히 첫인상도 중요합니다. 하지만 책은 잡지처럼 다음 달 호가 나오면 사라지는 형태가 아닙니다. 한번 시장에 나오면 최소한 몇 년은 두고두고 보게 되는 거죠. 따라서 단순히 첫 느낌만으로 결정하기보다 다방면으로 고려하여 선택하기 바랍니다.

간혹 서체 사이즈나 폰트 등을 가지고 수정 요청을 해달라고 하는 저자들이 있는데, 누구보다 가독성이나 디자인의 조화를 고려하는 건 전문 북디자이너들입니다. 그들의 전문성을 믿고 따라주기 바랍니다.

직업이 예술 분야나 디자인 쪽에 계신 분들은 본인이 디자인하듯 표지를 요청하기도 하는데, 이는 실례되는 행동입니다. 각자의 영역이 있고, 그 영역을 인정해주는 것이야말로 프로다운 행동이지요. 저자 스스로 감각이 있다고 이러쿵저러쿵하면 에디터로서는 정말 피곤해질 수밖에 없습니다. 바쁜 일정 속에서 왜 불가능한지 하나하나 설명해줄 수도 없고, 모든 것을 받아줄 수도 없으니 난감할 따름이지요.

지금까지 제목이나 부제, 카피, 띠지에 대해 출판사 입장을 구구절절 설명했지만 누군가 "그래서 좋은 제목, 부제, 카피, 띠지는 무엇인가요?"라고 묻는다면 결국 '사고 싶다'는 마음이 드는 제목 및 부제, 표지 연출이 아닐까 싶습니다. 즉 저자 개인이나 에디터 개인의 취향에 기반한 것이 아니라 독자 및 타깃 집단들이 구매욕을 느낄 만한 요소로 중무장해야 합니다. 작정하고 만들어도 성공하기 어려운 세상이니까요.

저자가 배에 타면 그 배는 산으로 갑니다

저처럼 출판사에서 에디터로 일하는 사람을 흔히 '북에디터'라고 합니다. 출판기획자, 편집자 등등으로도 불립니다. 북에디터는 책을 만드는 전문가입니다.

제가 13년 전 처음으로 출판사에 입사할 당시, 면접 때 상사분이 제게 이런 질문을 했습니다.

"북에디터는 어떤 일을 하는 사람인 것 같으세요?"

순간 떠오르지 않아서 멈칫하다가 말을 이어갔지요.

"책을 요리에 비유한다면 요리(글)는 셰프(저자)가 하고, 손님(독자)이 먹잖아요? 북에디터는 예쁜 접시에 음식을 담아 서빙하는 역할이 아닐까요?"

당시 제 생각은 이러했습니다.

'아무리 맛있게 요리한 음식이라도 그 요리에 맞지 않는 접시나 플레이팅이면 전혀 먹음직스럽지 않겠지?'

고든 램지의 스테이크라도 양푼에 담으면 그 먹음직스러움이 분명 반감될 겁니다. 먹는 사람들이 좀 더 맛있게 느낄 수 있도록, 먹는 데 불편하지 않도록 신경 써서 내줄 수 있는 사람!

반대로 먹을 사람들을(타깃 및 독자를) 감안하여 셰프에게(저자에게) 이런 주문을 할 수도 있겠습니다.

"아이가 먹을 음식인 것 같으니 맵지 않게 해주세요."

"지난번 요리는 이러이러한 손님들 반응이 있었는데, 이번에는 이 점을 조금 생각해봐 주세요."

또한 이런 이야기도 손님에게 들려줄 수 있겠지요.

"셰프님이 특별히 신경 써서 이 요리를 어떻게 만들었습니다."

다시 정리해보자면 에디터는 독자들이 무엇을 원하는지 정확히 알고 있고, 이미 여러 번 경험을 했으며, 그래서 저자에게 맞춤형 피드백을 줄 수 있습니다. 그게 북에디터의 역할이에요. 저자와 독자 사이를 잇는! 그런데 여러분이 북에디터를 신뢰하지 않는다면 어떤 일이 일어날까요?

당신의 에디터를 신뢰하라

영화배우가 감독의 지시에 따라 연기를 하는 것은 전혀 이상하다고 여기지 않으면서 저자들은 북에디터가 해주는 진심 어린 조언들을 무시하는 경우가 많습니다. 한 편의 영화를 만드는 감독의 일과 한 권의 책을 만드는 북에디터의 일은 그다지 다르지 않습니다.

언젠가 한 선배가 이런 얘기를 했어요.

"아마존에서 책을 보는데, 리뷰가 별 하나부터 별 다섯 개까지 골고루더라고요. 그런데 별 하나인 리뷰를 봤더니 뭐라 적혀 있는 줄 알아요?"

"뭐라고 적혀 있었는데요?"

"Where is editor?"

해외에서는 이미 오래전부터 책이 허술하거나 구성의 디테일이 떨어지면 저자도 저자지만, 에디터를 탓했어요. 그 정도로 책에서 에디터의 역할이 크다는 것을 인지하고 있었던 거죠.

책 만드는 전문가는 단순히 책을 'Made'하는 게 아니라 'Directing' 하게 됩니다. 사회 분위기나 현상에 대해서도 빠르고 밝습니다. 요즘 여성 혐오나 성희롱 발언 등과 같은, 미투 운동이 이슈가 되고 있지요. 과거에 한 발언이나 쓴 글귀로 곤혹스러운 상황에 처한 사람도 꽤 많고요. 그중 가장 이슈였던 한 정치인의 돼지발정제 논란을 보며 저는 두 가지 상황을 유추해보았습니다.

에디터가 이 문제에 대해 가볍게 생각했거나 저자에게 수정했으면 좋겠다고 했음에도 수정하지 않았던 것.

이번 단락에서 끊임없이 강조하는 부분이 '에디터를 믿어라' '출판사에 맡겨라'입니다. 출판의 프로세스가 궁금할 것 같아 북에디터의 일들을 나열했지, 사실 저자들이 이 프로세스 곳곳에 출연할 필요는 없습니다. 에디터가 수정해달라거나 추가해달라는 내용을 충실히 해주고, 제목이나 카피 등에 좀 더 객관적인 의견을 주는 것 정도로 충분합니다.

저자들이 프로세스 전반에 출연하여 진두지휘하면 에디터는 마지못해 들어주거나(포기 상태), 좋은 의견도 내지 않게 되거나(체념 상태), 책에 대한 정이 뚝 떨어질 수밖에 없습니다.

그 출판사 어떤 누구도 담당 에디터만큼 책에 애정을 가지지 않습니다. 에디터가 제시하는 의견이 다소 마음에 안 들더라도 밀당하듯 의견을 잘 피력하는 게 좋고, 어떻게 해서든 조율하여 나아갈 수 있게끔 하세요. 싸울 자세로 덤빌 필요가 없다는 말입니다. 싸울 상대는 서점 곳곳에 널린 여러분의 유사도서들이지, 내 원고를 알아보고 여기까지 이끌어온 에디터가 아닙니다.

원하는 대로 다 하시려거든 출판사를 즈려밟고 가시옵소서

책을 만들 때 제작비가 얼마가 드는지 묻는 분들이 많습니다. 대략적으로 말해줄 수는 있지만 사실 천차만별입니다.

> 몇 도 인쇄인지
>
> 어떤 후가공을 할 것인지
>
> 어떤 종이를 쓸 것인지
>
> 어떤 제본을 할 것인지
>
> 몇 부를 찍을 것인지

위처럼 제작단계에서 어떤 결정을 내리느냐에 따라 제작비 단가가 획획 달라집니다.

몇 도 인쇄

여러분은 칼라인쇄, 흑백인쇄 정도로만 알고 있겠지만 출판사에서는 '몇 도 인쇄인지'로 인쇄 사양을 설명합니다.

CMYK로 돌아가는 인쇄기계에서 1도 인쇄는 한 가지 색으로 인쇄하는 걸 말합니다. 대체로 K(먹) 인쇄가 많지요. 2도 인쇄는 두 가지 색이 섞인 것을 말하지만, 대체로 K(먹)와 어떤 색 하나가 섞인 형태입니다. 즉, 특정 색 하나와 먹을 섞어서 농도 조절을 하여 디자인하는 식입니다. 3도 인쇄는 세 가지 색이 섞인 것이고, 대체로 K(먹)과 다른 색 두 가지가 섞여 있습니다. 다만 3도 인쇄는 일반적이지 않습니다.

4도 인쇄가 여러분이 알고 있는 컬러인쇄입니다. 미술시간에 색의 삼원색에 대해 배웠던 것을 떠올려보세요. C(청), M(적), Y(황)이 삼각형으로 자리잡고 가운데 K(흑)이 있던 형태 말이죠. 경우에 따라 팬톤이나 DIC 컬러칩의 색을 활용한 5도 인쇄도 있습니다.

인쇄비만 떼놓고 단순하게 설명하자면 1도 인쇄에 비해 2도 인쇄가 2배, 4도 인쇄는 4배의 비용이 더 듭니다. 출판사에서는 사소한 제작비까지도 모두 고려해서 책을 만들게 됩니다.

후가공

후가공은 표지에 쓰는 효과라고 이해하면 됩니다. 유광코팅을 할지 무광코팅을 할지, 에폭시 효과를 넣을지, 금박·은박 등 박을 할지 표지 디자인에 맞춰 출판사에서는 후가공을 결정합니다. 이때는 디자이너의 의견이 많이 반영됩니다. 후가공 역시 어떤 종류를 어느 정도 크기로 쓰는가에 따라 제작비가 달라집니다.

종이

종이의 종류도 천차만별입니다. 일반적으로 모조지 계열을 본문 종이로 많이 쓰지만, 책의 성격에 따라 혹은 디자인에 따라 사진이 있는지 없는지 그런 소소한 상황에 맞춰 종이를 결정합니다.

예상보다 책 페이지가 적게 나왔을 때에는 도톰하게 볼륨감 있는 종이를 쓰기도 합니다.

표지 종이도 디자인에 따라 인쇄가 잘 나오는 최적의 종이를 선택해서 사용합니다. 어떤 수입지는 국내지에 비해 네다섯 배가 비싸기도 합니다. 어떤 종이를 쓰느냐에 따라 제작비도 격차가 크게 납니다.

제본

일반 단행본에서 중철제본(스테이플러로 찍어둔)을 하는 경우는 거의 없고, 보통 무선無線제본을 하게 됩니다. 책을 제본할 때 실을 사용하지 않는다는 의미로 무선이란 말을 쓰지요. 여러분은 책이 소프트커버, 하드커버로 나뉜다고 생각하면 됩니다. 소프트커버는 무선제본 형태고, 하드커버는 접지된 본문을 실로 꿰맨 뒤에 두꺼운 종이로 표지를 만들고 이를 또 다른 종이로 감싼 것을 말합니다. 하드커버로 만들게 되면 제작 시간도 늘어나고, 비용 또한 배로 들게 됩니다.

제작부수

1,000부를 찍었을 때와 3,000부를 찍었을 때 권당 제작단가가 다릅니다. 몇 부를 찍을지에 따라 제작단가는 엄청난 차이를 보입니다.

그러므로 책을 만들 때 들어가는 비용은 몇 쪽의 책을 어떤 디자인으로 어떤 종이를 써서 제본하고 후가공 작업을 하는지에 따라 다릅니다. 단순히 "책 내는 데 돈이 얼마 들어요?"라고 물었을 때 대답하기 난감한 이유가 여기에 있습니다.

출판사는 한 권의 책을 만들기 위해서 전방위적으로 생각하고 계산해서 만듭니다. 어떤 종이를 쓸 것인지까지 저자가 관여하면 괴로워집니다. 어련히 알아서 잘하겠습니까. 지난하고 힘겨운 편집과정을 거친 다음 제작을 할 때 단순 비용 문제로 구현하고 싶은 디자인을 포기하는 에디터는 없습니다. 출판사 역시 책을 예쁘게 잘 만들어야 많이 팔지요. 마지막에 비용 조금 아끼겠다고 책을 이상하게 만들지 않습니다.

나는 JS인가

JS가 대체 무엇이냐고요? '진상'의 약자입니다. 책을 출판하는 과정에서 저자와 출판사는 각자 자기 일에 충실하면 됩니다. 저자는 퀄리티 높은 원고를 출판사에 넘기고, 출판사는 그 원고를 훌륭한 꼴로 만들어 세상에 내놓고요. 사소한 바람이나 의견은 주고받을 수 있겠지만 선을 넘어서 관여하면 JS가 됩니다. '나는 JS인가' 스스로 잘 돌아보길 바랍니다.

10여 년간 북에디터로 일해본바 일찌감치 JS의 징조가 보이는 저자들이 있습니다. 대체로 이런 유형이지요.

"이따가 연락할게요." 해놓고 깜깜무소식인 사람, "언제까지 드릴게요." 해놓고 잠수 타는 사람도 있습니다. 사소한 약속을 어기는 분들은 그 사소한 약속이 눈덩이가 되어 산사태를 일으킵니다.

현재 써놓은 것까지 보여달라고 했을 때 "다 쓰면 보여드릴게요." 하는 사람도 있습니다. 앞서 언급했듯이 90% 이상은 써놓은 게 없는 경우입니다. 중간보고 자체를 귀찮아하거나 가볍게 생각하는 식이지요.

책을 몇 권 써본 사람들은 다른 출판사와 비교하듯 이야기할 때가 있습니다. 하지만 에디터야말로 현재 저자와 비교할 저자가 수십 명에 달합니다. 비교하듯 얘기하지 않는 건 그것이 사람을 대하는 예의이기 때문이에요. 비교할 줄 몰라서가 아닙니다.

출판물 같은 걸 만들어본 경험이 있는 저자들은 시시콜콜 알은 척을 합니다. 선무당이 사람 잡는다고 전혀 모르는 사람을 설득해 나가는 것보다 어설프게 알고 있는 사람을 설득하는 게 더 어렵습니다. 카피라이터나 예술 계통에서 활동하는 분들은 책의 카피 한 줄 한 줄에 간섭하고 표지의 예술성을 논합니다. 결국 출판이라는 목표를 향해 가야 하니까 에디터가 인내하는 겁니다. 건[件] by 건[件] 싸우기 시작하면 책이 표류하니까 넘어가는 식이지요.

대체로 여기까지는 참을 만하지만 간혹 주객전도의 말을 하는 저자들은 아무리 이해를 하려고 해도 이해하기가 어렵습니다. 예를 들면 이런 겁니다.

"아니 에디터님, 저 이 책 작업하느라 여행도 못 갔어요."

"이거 마무리하느라 잠도 제대로 못 잤어요."

📕 나의 책 프로세스를 살펴보자

	프로세스	체크
기획	주제 정하기	
	콘셉트 정하기	
	목차 구성하기	
	원고 쓰기	
	출간기획안 작성하기	
	출판사 선정하기	
본문	완고 상태 확인하기	
	본문 디자인 시안	
	확인하기	
	1교 수정하기	
	2교 수정하기	
	3교 수정하기	
	최종파일 확인하기	
표지	저자 소개 전달하기	
	제목 의논하기	
	카피 확인하기	
	표지 디자인 시안	
	확인하기	
	표지 대지 확인하기	
	최종파일 확인하기	

Chapter 7

책 나왔다 야호

책은 훌륭한데 출판사 때문에 책이 안 나간다고요?

사실 출판사 내부에서 마케팅부와 편집부는 사이가 좋지 않습니다. 편집부는 마케팅부가 '홍보를 안 해서' 책이 잘 안 나간다고 생각을 하고, 마케팅부는 '팔릴 만한 책이 아니어서' 책이 잘 안 나간다고 생각합니다. 그래서 자주 책을 두고 다툽니다.

여기서 중요한 건 이겁니다. 편집부든 마케팅부든 책이 팔리도록 기본적으로 엄청난 노력을 한다는 점입니다. 출판사를 잘못 만나서 귀중한 내 책이 잘 나가지 않는다고 생각하지 말아주세요. 최선을 다합니다. 온 우주가 돕길 바라면서 말이죠.

책 팔리기 힘든 세상

꼰대 같은 출판계 선배들을 만나면 늘 이런 식으로 얘기하더군요. "그때가 좋았지, 책이 나와서 딱 신문에 기사가 나면 다음 날 몇천 부씩 주문이 들어오곤 했어."

예전에는 그랬다고 합니다. 신문에 기사 한 줄 나면 다음 날 주문부수가 요동치고, '그 작가의 신작' 말만 붙어도 그 명성으로 책이 또 나가고 말이죠.

요즘 제가 SNS 스타인 분들과 책 작업을 하면서 가끔 멘붕을 겪곤 합니다. 저자분이 본인의 SNS에 책이 출간되었다고 알리면 담당 에디터로서 사람들의 반응이 궁금하여 댓글을 찬찬히 살펴봅니다. 그런데, 못 믿겠지만 이런 댓글도 달립니다.

"이 책 어디에서 팔아요?"

"대전에서 이 책 살 수 있어요?"

책을 어디에서 사는지 모르는 사람들이 존재합니다. 여전히 믿고 싶지 않겠지만 한두 명은 아니고요. 생각보다 꽤 많습니다. 책이라는 것을 서점에서 사본 적이 없는 사람들, 온라인 서점에 주문하면 책이 집 앞까지 배송된다는 사실을 모르는 사람들(심지어 당일 배송인데!).

우리는 그런 시대에 살고 있습니다. 여러분 책이 나왔다고 하면 필요한 사람들은 우루루 책을 당장 주문하러 갈 것 같지만, 세상에는 책을 어떻게 사는지 모르는 사람도 있습니다. 이러한 세상에서 책을 어떻게 알리고 팔아야 할까요? 여러분의 책은 어떻게 팔아야 할까요?

베스트셀러 리스트에 있는 책들은 하루에도 어마어마하게 판매가 되고 있다고 생각할지 모르겠지만 실제로는 그렇지 않습니다. 하루에 수십 권 정도만 팔려도 베스트셀러 리스트에 안착할 정도로 전체적으로 책 판매가 저조합니다. 예전에는 100만 부 정도는 팔려야 베스트셀러라 불렸다면, 요즘에는 1만 부만 넘겨도 대단하다고 칭찬합니다.

이 책은 누가 사는가

기획단계부터 혹은 저자와 계약을 하기 전에 이미 이 책은 누가 사고(타깃), 누가 읽을지(독자) 고민을 끝냅니다. 그걸 토대로 편집 방향을 잡고, 판매전략을 세우지요. 출판사마다 다르긴 하지만 담당 에디터와 마케터는 출판 프로세스에 따라 일이 진행될 때마다 머리를 맞대고 의논합니다. 책이 나오기 전부터 전략을 짜고 마케팅을 구상하고 고민합니다. 물론 책이 나올 무렵, 혹은 나오고 나서 뒤늦게 마케팅회의를 하는 출판사도 있습니다.

출판사의 마케팅계획서는 다음과 같은 요소를 포함합니다.

도서개요	판매목표	시장분석	마케팅 방안

도서개요

도서에 대한 간략한 정보를 씁니다. 제목(또는 가제), 부제, 저자 정보, 제작사양(쪽수, 제본형태 등), 정가, 분야 등이 도서개요에 포함됩니다.

판매목표

초판을 몇 부 찍을지부터 신간 출고부수를 몇 부로 할 건지 예측하고, 나름의 판매목표를 세우는 겁니다. 출판사에 따라 1개월, 3개월, 1년의 목표를 구분해서 세우기도 합니다. 이런 목표가 생기면 마케팅 예산도 어느 정도 나오게 되겠지요.

시장분석

타깃들을 먼저 분석합니다. 예를 들어 20대 여성이 타깃이라면 그 문화를 좀 더 깊이 알아보는 겁니다. 현상이나 분위기, 선호하는 문화 등을 말이죠. 그리고 경쟁도서도 살펴보고, 그 도서들의 판매가 어떤 식으로 진행되었는지 추이도 살펴봅니다.

마케팅 방안

이벤트 및 프로모션 계획을 정리합니다. 언론뿐만 아니라 온라인, 오프라인 매체를 구분해서 계획하지요. 여기에는 저자의 활동이나 출판사가 가진 채널에서의 활동도 포함됩니다. 이 책은 어떤 전략으로 판매될 수 있는지 구체적으로 계획하는 게 좋습니다.

저자의 뻔뻔함이 필요해

가끔 자기 책을 홍보하는 것을 격이 떨어진다거나 창피한 일이라고 생각하는 저자들이 있습니다. 그래서 책이 나온 뒤에 의외로 더 소극적인 분들이 있지요. 하지만 요즘처럼 책 한 권 팔기 어려운 세상에서 점잖은 마케팅은 그리 효과적이지 않습니다.

생각해보세요. 어디서든 자신 있게 자신이 쓴 책에 대해 이야기하는 저자! 사람들이 더욱 그 책에 대해 호기심을 느끼지 않을까요? 자신감으로 중무장한 그 책이 궁금하지 않을까요?

최근 저의 페친(페이스북 친구)이 책을 출간했다는 소식을 피드를 통해 접했습니다. 그러고 며칠 뒤 그가 이런 글을 남겼더라고요. 오늘 생일 축하해줘서 고마운데, 생일선물은 자신의 책 구입으로 해달라고! 참 멋지고 당당한 저자라고 생각했습니다.

출판사에서 진행하는 광고나 홍보 활동보다 저자들의 적극적인 홍보가 더욱 힘을 발휘하는 시대입니다. 평소 친하게 지내는 인플루언서가 있다면 적극적으로 부탁하세요. 출판사에서 접근하는 것보다 개인으로 접근하여 부탁하는 것이 오히려 효과적입니다. '알아서 사주겠지' '어련히 알아서 홍보해주겠지' 생각하지 말고 도를 넘지 않는 선에서 요청하기 바랍니다. 강연 기회가 있다면 참석자들에게 책에 대한 호감도 심어주고요.

여러분의 모든 활동이 책 판매로 이어진다는 사실을 확실하게 인지하기 바랍니다.

출판사에서 할 수 있는 홍보 마케팅

책을 쓴 것도 멋지고, 출간한 것도 대단한 일이지만, 어떻게 파느
냐 하는 것이 가장 중요합니다. "이제부터 시작이다!" 하는 각오를
다지길 바랍니다. 즉 책이 나왔다는 만족감에 취해 고고한 자세로
만 있지 말고, 출판사와 함께 할 수 있는 활동이 있다면 적극적으
로 임해주세요.

책이 나온 뒤 할 수 있는 출판사의 마케팅 활동은 이 정도로 정
리해볼 수 있습니다.

　　매대 관리는 아주 오랫동안 지속되어온 출판사의 영업 방식입니다. 신간 매대부터 분야별 매대 등 오프라인 서점에 책이 잘 깔려 있도록 신경 쓰는 일이기도 하지요. 앞서 설명하긴 했지만 저자들은 언제나 "왜 서점에 내 책을 안 깔아놨어요?"라고 묻습니다.

　　신간 매대에 1~2주 깔아둘 수는 있지만 그 시기에 책이 팔리지 않으면 바로 서가로 이동합니다. 출판사에 따라 매대를 구입해서 일주일이면 일주일, 한 달이면 한 달 자사 책을 깔아둘 수는 있겠지요. 하지만 거금을 들여 매대를 사놓고 그 위에 팔리지도 않는 책을 진열해둘 출판사는 거의 없습니다.

　　오프라인 서점이야말로 한정된 공간 때문에 '팔릴 것 같은 책' 혹은 '팔리는 책'에 유리하게 공간을 내어줍니다.

　　오프라인 서점의 경우 이벤트 방식을 다양하게 할 수는 없습니다. 그중 흔하게 하는 형태가 구매 영수증을 응모하는 이벤트입니다. 광고 이미지를 찍어 해시태그를 달아서 응모하면 추후 선물을 주는 형태도 있고요. 책갈피나 엽서 등의 증정도 즐겨 하는 방식입니다.

　　막강한 파워를 지니고 있는 오프라인 서점 교보문고의 경우, 각 지역별, 서울 내에서도 지점별로 매출 규모가 다릅니다. 만약 A라는 책이 종합 베스트셀러 10위 안에만 들어가도 분야 매대, 종합 베스트 순위 진열대, 분야 베스트 순위 진열대 등 곳곳에 책이 놓일 겁니다. 오고 가는 사람 중에 그렇게 한 지점당 한 권씩만 팔려도 하루에 수십 권의 책이 판매되는 셈이지요. 그래서 출판사는 어떻게 해서든 베스트에 안착시키고자 노력합니다. 일단 순위권에 진입하면 그 영향으로 책이 판매되기도 하니까요.

이와 관련한 출판사의 잘못된 행동이 바로 '사재기' 같은 것입니다. 저자들 중에는 출판사에 대놓고 "사재기라도 해주지!" 하는 분들이 있습니다. 사재기는 엄밀히 말하자면 사기와 같은 범죄인 셈이고요. 출판계에서 뿌리 뽑혀야 할 악행 중 하나입니다. 대부분의 출판사가 사재기할 돈이 없어서 안 하는 게 아니라 하면 안 되는 일이니까 안 하는 겁니다.

모든 것이 광고

온라인 4대 서점은 온라인 교보문고, 예스24, 인터파크 도서, 알라딘입니다. 신간이 나오면 이들 서점에 마케터들이 책을 들고 방문합니다. 경우에 따라 에디터가 직접 가는 경우도 있습니다. 저자들이 가는 경우는 거의 없고요. 처음 가보면 약간의 자괴감과 깊은 실망감에 빠질 정도로 마냥 유쾌한 분위기는 아닙니다. 대기하고 있는 출판사 관계자들, 굉장히 비즈니스적인 서점 MD들, 거기다가 책에 대해 시니컬한 평가를 듣는 일이 즐거울 리 없지요. 그럼에도 가야 하니까 가는 겁니다. 마케터로서 응당 해야 할 일이니까요. MD와의 미팅 때(혹은 그 이후) 그 신간을 각 온라인 서점에 몇 부씩 출고할지 결정됩니다.

온라인 서점 광고 안내 페이지를 본 적이 있을지 모르겠지만, 서점 페이지에서 보이는 거의 모든 공간이 광고비로 책정되어 있습니다. 메인 페이지를 넘어 분야 페이지로 넘어간 그곳도 마찬가지지요. 그중에서 광고가 아닌 공간이 몇 군데 있는데, 거기에 노출되는 일이 광고를 한 것 이상의 효과를 얻기도 합니다. 그래서 출판사에서는 담당 MD에게 노출을 지속적으로 부탁합니다. 물론 부탁한다고 해서 들어주는 건 당연히 아니고요.

여러분의 책이 광고를 통해 밀어야 할 책이라면 배너 광고, 검색창 광고 등 여러 광고를 예약하여 진행할 겁니다. 출판사가 주최하는 기획전도 있고, 신학기 특집이나 운동책 특집 등 분야별 도서만 모아서 하는 기획전도 있습니다. 서점의 DB를 활용한 LMS 문자 서비스 등도 출판사에서 많이 진행하는 마케팅입니다.

도서에 따라 어떤 책들은 선물을 증정하기도 합니다. 도서정가제의 영향으로 모든 선물들은 '무료'가 아닌 '포인트 차감 방식'입니다. 간혹 추첨 이벤트도 열고, 사이트 안에서 저자 강연회 등의 소식을 전하기도 하지요.

SNS를 통해 이벤트를 진행하는 것 또한 출판사에서 많이 진행하는 마케팅 중 하나입니다. 저자의 SNS도 있고, 출판사의 SNS도 있고, 인플루언서 SNS도 있지요. 책을 증정하는 형태로도 하고, 출판사에서 따로 굿즈를 제작하기도 합니다. 기성품을 구입하여 선물로 붙이는 경우도 있습니다.

저자분의 SNS가 유명하다면 그곳에서 이벤트를 진행하는 게 확산에 유리합니다. 무작위로 주는 선물보다는 좀 더 바이럴시킬 수 있는 아이디어를 접목하여 이벤트를 열거나 책 인증샷을 요구하여 책 판매와 이어지게끔 하지요.

출판사가 운영하는 SNS인데도 꽤 인기몰이를 하는 곳도 있습니다. 그런 경우 출판사 자체적으로 이벤트를 여는 게 유리합니다. 팔로워들이 그 출판사를 좋아하는 충성독자로 이루어져 있기 때문에 구매로 쉽게 이어지는 편입니다.

출판사에도 저자에게도 활용할 만한 SNS 채널이 없다면 파워 인플루언서를 찾아 광고를 하는 형태가 있습니다. 금액을 지불하고 이벤트를 대신 열어달라고 하는 것이죠. 아니면 몇 회 올려주는 대가로 금액을 지불하기도 합니다. 그 인플루언서가 활동하는 분야와 책이 잘 맞아떨어지면 엄청난 시너지가 발생하기도 합니다.

협찬품	기성품	제작품

선물의 형태는 크게 세 가지로 나뉩니다. 협찬품의 경우 대체로 저자와 인맥이 닿는 곳들에서 많이 받습니다. 특히 실용서 저자들은 본인이 활동하는 분야와 친한 브랜드가 있어서 책이 나왔을 때 도움을 받곤 합니다. 출판사에서 협찬제안서를 써서 성사시킬 때도 있지만, 어쨌든 연이 닿는 곳이면 좀 더 손쉽게 진행될 수 있으므로 저자분에게 부탁할 때가 종종 있습니다.

기성품을 구입한 뒤 이벤트 선물로 활용할 때도 있지만, 책과 상품을 주고받는 형태(바터)로 진행할 때도 있습니다.

제작품은 여러분이 흔히 '굿즈'라고 알고 있는 것들입니다. 특히 책 속에 일러스트 작품이 들어가거나 저자가 일러스트레이터인 경우 다양한 굿즈를 제작할 수 있습니다. 사진도 마찬가지지요. 에코백이나 마우스패드, 메모보드 등이 대표적입니다. 휴대폰 케이스 등 의미 있는 선물을 소량으로 제작하여 이벤트를 여는 경우도 많습니다.

어떤 책이든 선물을 붙이고 이런저런 이벤트를 열 수 있다면 얼마나 좋겠습니까마는, 사실 선물이 판매에 주효하게 적용되는 책도 있고, 아닌 책도 있습니다. 따라서 다른 책에 선물이 주렁주렁 달려 있고 내 책에는 선물이 없는 것 같다고 출판사에 서운해하지 마세요.

입소문을 부탁해

입소문도 나려면 발화점이 있어야 합니다. 어떤 누군가가 "그 책 좋더라." 얘기를 해야 "누가 그러는데 그 책 좋대." 전달이 됩니다. 요즘은 단순히 입에서 입으로 전달되는 형태는 아닙니다. 콘텐츠 자체가 이슈가 되어 널리 공유되는 식이지요. 공유 건수가 얼마나 되느냐에 따라 콘텐츠의 힘을 판단합니다.

SNS에 공유되는 형태로 카드뉴스, 영상 등이 있습니다. 예전에는 영상, 즉 북트레일러를 몇몇 출판사들만 만들었지만 요즘에는 분야에 국한하지 않고 대체로 만들곤 합니다. 그도 그럴 것이 페이스북이나 인스타그램 역시 영상을 좀 더 상위로 노출하는 경향이 있기 때문에 그에 맞춰나가는 것이지요. 그래서 자료를 좀 더 효과적으로 만들려고 노력합니다. 실제로 카드뉴스를 제작해주는 업체 등에 출판사는 비용을 많이 지불해서 의뢰하기도 합니다.

언론 활용(TV 방송/잡지/신문 등)

기본적으로 출판사에서는 신간이 나오면 보도자료를 배포합니다. 일간지와 주간지, 잡지나 방송 쪽으로 정성스럽게(?) 작성한 보도자료를 일괄적으로 뿌리게 됩니다.

출판사나 에디터가 다이렉트로 릴리스하기보다 대행업체를 통해 하게 됩니다. 사실 예전에 비해 신문 읽는 인구가 줄었기 때문에 신문에 대문짝만하게 책 기사가 실린다고 한들 판매에 지대한 영향을 주는 건 아닙니다. 진짜 대문짝만하게 난 기사라면 며칠 동안 그 영향으로 책 판매가 이루어질 수 있겠지만, 대체로 '기사가 안 나는 것보다야 낫다' 정도라고 이해하면 됩니다. 물론 외서라서 저자가 해외에 있는 경우, 시사나 경제경영 분야의 경우 이 언론보도가 중요한 영향을 끼칩니다.

TV 방송에 저자나 관련 콘텐츠가 노출되는 건 어마어마한 시너지를 일으킵니다. 《1일 1식》(위즈덤하우스) 책의 경우 〈SBS 스페셜〉로 관련 콘텐츠가 다뤄진 뒤 '1일 1식 하겠다'는 인구가 늘고 덩달아 책도 어마어마하게 팔렸습니다. 하지만 《나는 쓰레기 없이 산다》(청림Life)의 경우 당시 SBS 〈인간의 조건〉 프로그램에서 '쓰레기 없이 살기'가 화제일 때라 관련해서 책도 반응이 있겠지 싶었지만 그렇지는 않았습니다. 최근 비닐봉지가 재활용 쓰레기로 활용 가능한지에 대한 논란이 인 이후 이 책이 다시 조명되고 있습니다만, 유의미한 판매로 연결되지는 않습니다. 이처럼 콘텐츠 노출은 판매에 있어서는 복불복인 것 같습니다.

저자가 출연한 경우는 특이합니다. 여러분이 잘 알고 있는 허지웅이나 곽정은 같은 작가들의 책은 방송 활동을 할 당시에 출판되어 매우 좋은 판매를 보였습니다. 요즘에는 강연 프로그램이 많아져서 〈어쩌다 어른〉이나 〈알쓸신잡〉에 나온 저자들 책도 다시 조명 받는 추세입니다. 저자가 매체를 통해 공신력과 인지도를 얻으면 책은 덩달아 판매량이 좋아집니다.

신문을 비롯한 인터파크 북DB나 채널예스 같은 곳에서 저자 인터뷰를 할 때가 있습니다. 하지만 이런 인터뷰 기사가 책 판매에 대단한 영향을 끼치는 일은 거의 없습니다. 저자로서 인터뷰했다는 기분 좋은 기억만 남는 거죠.

월간지 등의 잡지에 책이 소개되는 경우도 많습니다. 특히 실용서가 그러합니다. 잡지사의 기사는 저자를 조명하는 기사, 신간을 소개하는 단신 정도입니다. 저자를 조명하는 기사의 경우 책 표지가 같이 실린다거나 하는 일은 거의 없습니다. 작게 소개되거나 인터뷰에 녹아 있지요. 신간을 소개하는 단신은 책 표지가 실리지만 아주 작은 면적으로 들어갑니다. 그리고 '○월호 잡지에 책이 실렸다' 하더라도 책 판매량이 폭발적으로 좋아지지 않습니다. 잡지에 실리는 것 역시 그냥 기분 좋은 일 정도로 생각하길 바랍니다.

새롭게 하소서

출판사는 어쨌든 책을 만드는 곳이니 책의 제작 부분을 활용한 마케팅이 가능합니다. 몇 해 전에는 책 띠지를 모아 오면 선물을 주는 북스피어 출판사 이벤트가 큰 화제를 모았습니다. 3년 동안 출간된 여덟 권의 책 띠지에 영문 이니셜을 집어넣었다고 합니다. 그리고 그 책의 띠지를 모두 가져오는 독자에게 선물을 증정하겠다는 내용이었는데 개장 5분 만에 모두 받아 갔다는 전설 같은 이야기였지요.

이렇게 띠지를 활용한 이벤트는 에세이 출판사에서도 종종 진행합니다. 띠지를 벗겨내면 엽서처럼 메시지를 쓸 수 있다거나 하는 식이지요. 혹은 띠지에 강연회 할인권을 넣는다거나 인스타그램에 찍어 올리면 선물을 증정하는 식의 이벤트를 하기도 합니다.

최근에 또 많이 하는 형태가 '에디션'을 만드는 것입니다. 무선제본으로 나왔던 책을 양장(하드커버)으로 만들어 에디션으로 내놓거나, 표지 그림을 유명 작가 그림으로 바꿔 스페셜북으로 내놓기도 하지요. 출판계에서는 흔히 '표지갈이'라고 말합니다.

'우아~ 내 책도 이렇게 에디션 작업 해주면 좋겠다.' 바람이 생겼나요? 여러분, 이런 제작 부분을 활용한 마케팅은 '일단 책이 잘 나갔을 때' 고려됩니다.

텔레비전에 내 책 나온다면 정말 좋겠네

TV를 보다가 종종 책을 발견할 때가 있지요? 드라마나 방송에서 책이 등장한 경우 90% 이상은 협찬으로 노출된 것입니다.

2013년 드라마 〈별에서 온 그대〉에 등장한 《에드워드 툴레인의 신기한 여행》(비룡소)은 2009년 출간된 책입니다. 이 책은 출간 후 5년 동안 1만 부가 팔렸는데 드라마에 노출된 뒤에는 석 달 만에 17만 부가 팔렸다고 합니다. 이런 사례는 정말 흔합니다.

〈프로듀사〉에서 아이유가 《비밀의 정원》(클) 컬러링북을 한 뒤로 중국으로 컬러링북이 얼마나 많이 수출되었는지 모릅니다. 드라마 〈도깨비〉에서 《어쩌면 별들이 너의 슬픔을 가져갈지도 몰라》(예담)가 나온 뒤 정해진 수순처럼 베스트셀러에 책이 등극했지요. 이런 현상을 보면 저자들은 이렇게 생각할 수도 있을 겁니다. '내 책도…?'

출판사에 있다 보면 드라마 프로덕션에서 보낸 협찬제안 메일을 읽을 기회가 종종 생깁니다. 글 쓰는 직업을 가진 주인공이 완성한 책이 해당 출판사의 책일 때 얼마, 연인이 사랑을 매개로 해당 출판사 책을 주고받을 때 얼마, 그냥 단순히 노출되었을 때(PPL 형태) 얼마, 이런 식이지요. 경우에 따라 상황에 따라 다르다고는 하지만 출판사에서 그만큼의 비용을 투자한다고 했을 때 최소한 그 이상의 금액은 뽑아야 하지 않겠습니까?

예를 들어 드라마 한 편에 5,000만 원을 투자한다고 했을 때를 가정해볼까요? 1만 5,000원짜리 책이 5,000만 원 이상의 매출로 이어지려면 몇 부가 팔려야 할까요? 출판사가 버는 돈을 (최소로) 10%로 잡았을 때 3만 부 정도가 손익분기입니다. 앞에서 예로 든《에드워드 툴레인의 신기한 여행》처럼 17만 부까지 나가면 괜찮겠지만 그냥 쫄딱 망하는 드라마도 많잖아요. 시청률도 잘 나오지 않고, 화제성도 떨어지는 드라마는 누가 주인공인지조차 가물가물하지요. 그런 주인공이 들고 다니는 책이 화제가 될 리가 있겠습니까? 결국 TV 협찬은 출판사에도 모험인 셈이지요.

저자의 모든 활동은 마케팅으로 이어진다

앞에서 언급한 마케팅 활동은 대체로 출판사에서 진행할 수 있는 것들입니다. 그 외에 저자와 출판사가 함께 할 수 있는 활동도 꽤 많습니다. 그것들을 알아보기 전 여러분이 꼭 명심해야 할 게 있습니다. 결국엔 이런 모든 활동이 무의미하게 끝나서는 안 된다는 사실입니다.

저자든 책이든 심지어 출판사든 그저 알리는 등 홍보에만 그치면 기분은 좋을지언정 '성과' 면으로 봤을 때는 아쉬울 수밖에 없습니다. 다시 말해 모든 마케팅 활동은 '책 판매'로 이어져야 합니다. 냉정하게 말해서 그러합니다. 따라서 기분 좋은 행사를 만들기보다 기분도 좋고 판매량도 좋아서 저자도 출판사도 어깨춤이 절로 나올 행사를 기획하는 게 좋습니다. 물론 이러한 마케팅 기획은 출판사에서 하겠지만요.

여러분 책이 어떤 분야든지 저자 강연회를 기획할 수 있습니다. 특히나 요즘에는 특색 있는 작은 서점이 많아서 그 성격만 맞아떨어진다면 소규모 강연회를 서점에서 여는 건 어렵지 않습니다.

실제로 저자 강연회를 하게 될 때 필요한 준비물을 볼까요?

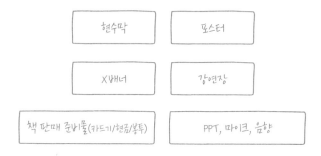

작은 서점에서 하는 10~20명 정도 규모의 강연인 경우에는 거창한 준비물이 필요하지 않습니다. 서점 측에서도 협조적으로 도와주는 편이고요. 그럼에도 불구하고 출판사에서는 최소 1~2명의 인력이 필요하고 앞에서 말한 준비물도 있어야 합니다.

그런데 이런 소규모 강연회 때 책이 몇 권 팔릴까요? 10~20명 규모라면 10~20권 정도는 팔리지 않느냐고요? 실제로는 5권이 넘지 않을 겁니다. 책을 이미 구입한 분들이 오는 경우가 대부분이라서 그렇습니다.

대형 서점에서 하는 저자 강연회는 조금 다르지 않으냐고요? 대형 서점에서 100~300명 규모로 하는 강연회의 경우, 그 공간을 대관하기 위해 출판사에서는 대관료를 지불합니다. 시간당 얼마로 책정되어 있지요. 시설 면에서는 흠잡을 데 없이 좋지만, 강연회 때 대관료 이상으로 책이 팔릴까요?

가끔 강연회가 끝나면 밖에서 책 판매도 하고 있다고 오신 분들에게 한마디 해달라고 저자에게 부탁을 합니다. 그러면 책을 강매하는 것 같아서 싫다고 하는 저자분들이 있습니다. 대놓고 강매할수는 없더라도 한 권이라도 팔리도록 저자분들이 애써주는 건 참 고마운 일입니다. 출판사는 그날 그 행사로 책을 옮기고 전시하고 현수막을 거는 등 다양한 준비에 인력이 투입되니까요.

그런데 소규모든 대규모든 저자 강연회를 열면서 출판사에서 가장 걱정하는 일이 무엇인 줄 아십니까? 바로 '모객'입니다. 10명 규모에 1명이 오는 것도 민망한 일이지만 300명 규모에 100명 오는 것도 민망한 일입니다. 출판사가 강연회를 열기 전에 비용이나 투입할 인력에 대한 걱정보다 더 큰 걱정하는 게 사람들을 오게 하는 일입니다.

일반인 저자가 100~300명의 인원을 모으기가 어디 쉬운 일입니까? 엄청난 팬을 보유하고 있는 저자의 강연회는 금방 자리가 차겠지만 웬만해서는 다 채우기가 쉽지 않습니다. 심지어 온다고 신청해놓고 실제 오는 경우는 70% 수준입니다. 그래서 당첨자들만 초대하는 경우에도 당첨문자를 120~130% 넉넉하게 보내놓습니다.

최근 '배철수의 음악캠프' 라디오에서 배순탁 작가와 배철수 DJ의 대화가 인상적이었습니다. 배순탁 작가는 수입이 있는 일들은 '업業'으로 볼 것이면 자신은 책의 작가이기도 하다고 말했지요. 이에 DJ 배철수는 인세가 꽤 되느냐고 물었습니다. 배순탁 작가는 인세는 별로 되지 않지만 책을 통해서 부수적인 일들이 들어왔고, 그것이 수익이 되더라는 이야기를 덧붙였습니다.

이런 일들이 바로 외부기관에서 강연 제안이 들어오는 것입니다. 실제로 전국의 도서관과 공공기관, 기업, 백화점 문화센터 등에서 저자의 강연을 주최하기 위해 출판사로 연락을 많이 해옵니다.

출판사에서 진행하는 서점 강연에서는 저자에게 강연료를 지급하지 않습니다. 하지만 이렇게 외부기관의 요청에 의한 강연은 한두 시간 진행하는 데 비해 강연료를 꽤 주는 편입니다. 시간 대비 괜찮은 수익이 되는 거죠. 무엇보다 책정해둔 강연료는 점점 인상될 거고요. 비록 출판사 주최의 강연이 아니더라도 이때도 청중들에게 책을 어필할 수 있습니다. 좋았던 강연의 기억으로 집에 돌아가 책을 주문할지 모르니까요. '책 한 권이라도 더 팔겠다' 하는 각오를 가져주길 바랍니다.

출판기념회로 기념하고 싶은 건 무엇?

TV나 기사에서 '출판기념회'라는 말을 많이 접했지요? 어떤 분들은 책을 내면 무조건 출판사에서 출판기념회를 해준다고 생각하기도 하더군요. 정치인들이 출판기념회를 빌미로 성금을 거둔다며 논란이 된 적이 있었습니다. 이런 논란에서 엿볼 수 있듯이 출판기념회는 지인들이 와서 책을 사주는 행사나 다름 없습니다. '출판기념회 오셔서 먹고 즐기다 가세요'는 '오셔서 책을 직접 사주세요'라는 말과 다르지 않습니다. 뭐 이렇게까지 삭막하게 표현하느냐고 볼멘소리로 묻는 분들도 있겠습니다마는 현실만 두고 말하자면 그러합니다.

출판기념회를 하기 위해서 출판사는 현수막, X배너 같은 공간 꾸미기부터 음식 준비, 식순 등 많은 것을 준비해야 합니다. 핑거푸드 정도의 가벼운 출장 업체를 부른다 하더라도 몇 인분인지 계산해서 잡아야 합니다. 실제로 초대를 하고, 초대한 사람들이 그 이상으로 책을 사줬을 때만 성공적인 출판기념회라고 할 수 있지요.

돌잔치 때 친구들만 초대하면 손해라는 말이 괜히 있는 게 아닙니다. 친척 어른들을 많이 모셔야 두둑한 봉투가 쌓이고, 돌잔치 자체가 그래도 남는 장사(?)가 됩니다. 당연히 축하해주는 마음이 우선이긴 하지요. 그런데 자선사업가가 아닌 이상 손해를 감수하는 행사를 군이 해야 할 이유가 있을까요? 따라서 출판기념회를 정말 열고 싶다면 나의 지인들이 와서 책을 사줄 것인가, 얼마나 사줄 것인가 그걸 먼저 생각해보세요.

인맥이 좋은 저자라면 이런 행사가 바이럴의 시작점이 될 수 있어 효과적입니다. 유명한 분들이나 연예인은 군이 지인을 부르지 않더라도 팬들이 오기 때문에 출판기념회가 성공할 확률이 높습니다.

행사 자체에 도움을 줄 수 있는 저자라면 또 얘기가 달라지긴 합니다. 기념회를 할 만한 공간을 가지고 있는 분들이나 직접 케이터링을 하겠다고 하는 분들의 경우, 출판사에서 비용을 세이브하는 부분이 있기 때문에 책 판매량에 대한 부담을 조금 덜 수 있습니다. 상황마다 다르긴 하겠지만 출판기념회를 당연하게 생각하지 말고, 혹시나 출판사에서 기꺼이 준비해준다면 그 감사함을 잊지 말길 바랍니다.

저자 사인회의 함정

저자 사인회는 대체로 서점에서 진행합니다. 왜냐면 사인을 받으려면(책에 메모하는 셈이잖아요?) 내 책이어야(구입해야) 하기 때문입니다. 가끔 사인회를 하다 보면 책을 공짜로 나눠 주며 사인해주는 거라고 착각하는 분들이 있는데, 그야말로 착각입니다.

사인회를 열기 위해서는 서점 공간 일부를 이용해야 합니다. 공간에 비용을 따로 지불하는 경우는 잘 없지만 그렇다고 해서 안심하면 안 됩니다. 서점에서 일정 공간을 빌려주는 이유가 있기 때문이지요. 바로 매출! 그날 사인을 위해 판매된 책이 고스란히 서점의 매출로 잡히니까요.

만약 저자 사인회를 개최했는데, 20명 정도만 줄 서서 사인받고 끝이 났다면 어떻게 될까요? 출판사는 서점의 눈치를 보게 되겠지요. 행여 저자의 마음이 상했을까 저자의 눈치까지 살필 테고요.

몇 년 전인가, 허지웅의 책《나의 친애하는 적》(문학동네)의 출판사 사인회 공지를 본 적이 있습니다. 공지 페이지 하단에는 이런 글이 있었어요.

"사인회는 오후 3시에 시작되며, 오전 9시 30분부터 번호표를 배부합니다. 번호표에 적힌 순서대로 사인을 받으실 수 있습니다."

사인회에서 번호표라니! 번호표라니!

개인 미디어 활동의 힘

요즘에는 인스타그램이나 페이스북을 통해 라이브 방송을 아주 손쉽게 할 수 있습니다. 출판사가 끼어서 행사처럼 하는 경우도 있지만, 대체로 소소하게 온라인 독자 만남처럼 활용하더군요. 책을 낸 뒤 내 책의 독자들을 위한 팬서비스 차원에서 이런 라이브 방송을 활용해보는 것을 추천합니다.

팟캐스트가 책 출간으로 이어지는 경우도 있지만, 책을 낸 뒤 팟캐스트를 하는 경우도 있습니다. 본인의 콘텐츠가 팟캐스트로 활용해볼 수 있는 것이라면 팟캐스트를 해보는 것도 추천합니다. 앞뒤에 책광고를 집어넣을 수도 있습니다. 다만 내용을 어느 정도로 활용할지 출판사와 미리 의논해야 합니다.

▌마케팅 활동을 계획해보자

내 책의 타깃

_____

_____

_____

꼭 해보고 싶은 활동

_____

_____

_____

내가 해볼 수 있는 활동

_____

_____

_____

강연회 주제 선정

_____

_____

_____

제 이름으로 된 첫 번째 책은 아니지만 지금까지 몸담아온 분야의 이야기를 풀어낸 거라 쓰는 동안 즐겁기도, 괴롭기도 했습니다. 하고 싶은 말이 이렇게 많았나 제 자신이 너무 신기하더군요. 그래도 이 책을 쓰면서 해왔던 일들을 한번 정리해볼 수 있어서 저에게는 의미 있는 시간이었습니다.

일반 책쓰기 책 저자들이 출판사의 생각을 전혀 모른 채 '책 쓰는 방법'에 대해 논하고, 그걸로 순진한 예비저자들의 열정을 착취하는 모습이 매우 안타까웠습니다. 누구보다 '영화 만드는 법'을 잘 알고 있는 사람은 영화배우가 아닌 감독이겠지요. 제가 출판사 에디터로서 풀어낸 이야기가 100% 모든 현장에 적용되지는 않더라도, 최소한 예비저자인 여러분이 어떤 마음가짐으로 책쓰기에 돌입해야 하는지는 알려줄 수 있다고 생각했습니다. 여러분이 제 앞에 있다고 생각하고 집필한 이 책을 부디 재미있게 읽고, 덮을 무렵에는 '나도 쓸 수 있겠다' 혹은 '지금부터 책을 써야겠다' 하는 용기를 얻기 바랍니다.

이 책이 출판사 에디터의 역할과 일이 좀 더 알려지고 신뢰받는 계기가 되었으면 좋겠습니다. 여러분을 '내 저자', 여러분이 쓴 책을 '내 책'이라고 여기며 깊은 애정으로 대하는 사람들이 에디터입니다. 그들과 함께 힘을 합쳐 멋진 책을 만드시기 바랍니다.

무엇보다 이 책의 도움으로 책을 쓰게 되었고, 그 책이 세상 밖으로 나오게 되었다면 제게 꼭 알려주세요. 여러분 책은 무조건 제가 한 권씩 사겠습니다.

제가 이 책을 쓸 수 있었던 건 저녁 9시면 땡 하고 잠드는 아들 덕분이었습니다. 아이를 재워놓고 잠들기 전까지 노트북과 아이패드 앞에서 고군분투했습니다. 그러는 동안 묵묵히 응원해주고 살림을 살뜰하게 챙겨준 남편에게도 고맙습니다. 저의 일거수일투족을 애정 깊게 지켜보는 엄마(여러분이 악플을 남기면 저희 엄마가 가만히 두지 않을 겁니다), 건강만 하셨으면 좋겠는 아빠, 너무 좋으신 시부모님, 그리고 다른 가족들, 정말 고맙고 사랑합니다.

무엇을 하든 어디에 있든 덮어놓고 파이팅을 외쳐주는 친구들이 있습니다. 녀석들은 모르겠지만 저는 친구들을 통해 많은 힘을 얻습니다. "고맙다! 그리고 책 좀 사라."

제 기획안과 샘플원고를 반짝반짝 바라봐준 카시오페아 출판사 민혜영 대표님께도 감사 인사를 전합니다(처음에는 안 좋아하시는 줄 알았습니다). 탈고하고 수정하는 과정마다 아낌없이 칭찬해주셔서 더욱 힘을 낼 수 있었습니다. 저는 저자로서 혼신의 힘을 다해 이 책을 잘 홍보하고 지켜내는 태도로 책을 출판해주신 은혜를 보답하겠습니다.

현재 제가 팀장으로 일하고 있는 출판사 대표님께도 감사합니다. 아쉬우셨을 텐데(그랬다고 해주세요) '하루하루 내 책이 몇 권 나가는지 매일 체크할 수 있는 상황을 견디지 못하겠다'라는 제 마음을 헤아려주셨지요. 저는 에디터로서 계속 책을 잘 만드는 모습으로 다른 출판사와의 계약을 허락해주신 마음에 보답하겠습니다.

좋은 저자들이 저의 좋은 스승이었습니다. 그들 덕분에 에디터로서 많이 성장할 수 있었습니다. 그 고마운 마음을 표현할 길이 없네요. 저와 인연이 닿았던 모든 분들의 삶을 응원하고 지지합니다.

마지막으로 출판사 에디터로 살아가고 있는 세상의 동료들에게 고마움을 전합니다.

무더운 여름,
이제 책을 마감하고 맥주를 마시겠습니다.

－봄쌀 에디터 양춘미

기획부터 출간까지, 예비저자가 궁금해하는 책쓰기의 모든 것

출판사 에디터가 알려주는 책쓰기 기술

초판 1쇄 발행 2018년 8월 20일
초판 5쇄 발행 2024년 7월 25일

지은이 양춘미
펴낸이 민혜영
펴낸곳 (주)카시오페아
주소 서울시 마포구 월드컵로 14길 56, 3~5층
전화 02-303-5580 | **팩스** 02-2179-8768
홈페이지 www.cassiopeiabook.com | **전자우편** editor@cassiopeiabook.com
출판등록 2012년 12월 27일 제2014-000277호

ISBN 979-11-88674-24-4 03190